Albert Bärthold

Zur theologischen Bedeutung Sören Kierkegaards

Albert Bärthold

Zur theologischen Bedeutung Sören Kierkegaards

ISBN/EAN: 9783744605113

Hergestellt in Europa, USA, Kanada, Australien, Japan

Cover: Foto ©Lupo / pixelio.de

Weitere Bücher finden Sie auf **www.hansebooks.com**

Zur theologischen Bedeutung

Sören Kierkegaards

von

A. Bärthold.

Halle,
Verlag von Julius Fricke.
1880.

In dem Kopenhagener Dagblad wurde 1870 (24/2) in einer ausführlichen Besprechung der nachgelassenen Papiere Kierkegaards geschrieben: „So verschlossen war S. Kierkegaard nicht, daß nicht Jeder, der in nähere Berührung mit ihm kam, den einen oder andern Eindruck von der Wirklichkeit seines geistigen Wesens bekommen hätte. Einzelne erinnern sich wol noch an seine Jugend, da er keck und streitlustig mit den scharfen Waffen der Dialectik und Ironie kämpfte für die Ideale der Poesie gegen die Prosa und Mittelmäßigkeit. Andere gedenken seiner, wie er, älter geworden, mit dem höchsten Ziel vor Augen „im Dienst der Gottheit" arbeitete mit einer Energie des Willens, die sich von der Schwachheit des Leibes nicht beugen ließ und welche den Inhalt eines langen und reichen Lebens in kurze Jahre zusammendrängte. Wieder Andere, vielleicht nur einige Wenige kennen ihn von seiner letzten Lebenszeit und erinnern sich, wie er in dem ernsthaften Kampf, da, „sein Wunsch der Tod war, seine Sehnsucht das Grab, sein Verlangen: daß dieser Wunsch und diese Sehnsucht bald möchte erfüllt werden" — doch eine liebevolle Teilnahme für Andere bewahrte, selbst für die kleinsten Verhältnisse des Lebens, und die Milde bewahrte und die Freundlichkeit, selbst den Scherz; wie er den Gleichmut des Sinnes bewahrte und die Klarheit des Gedankens aber vor allem den Frieden und die Ruhe im Glauben die er sich mühsam erkämpft hatte, und welche ihn nicht verließen unter den harten Leiden seines Sterbelagers. Die Verschiedenen können wol verschiedene Seiten seiner Persönlichkeit aufgefaßt haben, Einige diesen Vorzug, Andere besonders diesen Mangel aber Keiner kann ihm nahe gestanden haben ohne den Eindruck zu bekommen von einem künstlerisch ausgeprägten Leben, das mit seinen Schmerzen und seinen Freuden im Dienst der Idee stand und sich für die Idee opferte."

Diese Worte wirken wol selbst, wovon sie reden; sie bewirken wol selbst den Eindruck von einem künstlerisch ausgeprägten Leben; denn jeder Satz klingt ja wie das Motiv zu einem Drama — und noch darüber auch jener Zwischensatz, daß er sich mühsam den Frieden und die Ruhe im Glauben erkämpft hatte. Darin liegt eingeschlossen ein langes ritterliches Streiten, das, wenn man es ästhetisch betrachten will, an gefeierte dramatische Gestalten erinnert. Von seinem körperlichen Leiden aus und von seinem beschwerten Gemüt her überflutete Schwermut seine Sele, so tief als müßte alle Tatkraft, alle Freudigkeit des Lebens unrettbar darin ertrinken. Die Tagebücher zeigen die niederziehende Tiefe der Schwermut, die Gedankenstrudel, welche in angstvollen Möglichkeiten umhertreiben — aber sie zeigen auch das siegreiche Aufwärtsringen zum Licht, wo Alles lauter Dank ist und Freude, und er froh inne wird, daß ihm die ganze Ewigkeit nicht zu lang wird zum Danken.

Die hohe Begabung Kierkegaards als Dichter, Dialectiker, Psychologe wird in der dänischen Literatur nun so gut wie allgemein anerkannt; auch daß man die Größe und Geschlossenheit seiner Persönlichkeit bewundert, ist keine Seltenheit mehr, nur daß man diese Größe überwiegend ästhetisch faßt.

Auch das „Nordische Conversationslexikon" (Ausgabe von 1875) schließt seinen Artikel mit den Worten: „Selbst die Widersacher werden nicht leugnen, daß er als eine mächtige Gestalt in der Welt des Geistes dasteht und daß er seinem Ideal treu blieb bis zu dem Aeußersten." Was dabei auffallen kann, ist, daß die große Geschlossenheit und scharfe Ausprägung anerkannt wird, und doch zugleich von verschiedenen Seiten und verschiedenen Auffassungen gesprochen wird. Aber Kierkegaard ist in der Tat eine so reich entwickelte Persönlichkeit und hat ein so umfassendes Werk ausgeführt, daß es schwer ist seine Gestalt vollständig aufzufassen. Es geht einem leicht wie jenen kleinen Vögeln, welche die hohe Menschengestalt bei geringem Abstand nicht zu überblicken vermögen und nur eine einzelne Bewegung bemerken. So haben wol die Meisten, die von ihm hörten, nur etwas Einzelnes von ihm aufgefaßt. Mehr noch wie von seiner Person gilt dies von seinem Werk, und sein Werk ist noch wichtiger. Auf seine Persönlichkeit ist man, wie gesagt, schon aufmerksam geworden und sieht, daß an ihr ist Freude und Befreiung. Denn es ist ja befreiend einen Menschen zu sehen, der — um de Lagardes Worte zu brauchen — der um Gottes willen Schande und Elend trägt, Ehre und Wohlleben verachtet, den Tod nicht fürchtet und zuversichtlich genug ist ein ewiges Leben ertragen zu wollen. Solch ein Mensch ist ja der lebendige Beweis für das Dasein der Ewigkeit und für das Wirken der Kräfte der Ewigkeit. Von diesem Gesichtspunkt aus sprach ein Artikel der Allg. Ev. Lutherischen Kirchenzeitung (Ergänzungsblätter 1879. 13) in glücklicher Weise von Kierkegaard. Aber sein Werk und die persönliche Durchführung dieses Werkes erweckt noch ein anderes Gefühl, nämlich, wie Professor W.

Rubin treffend sagt: „das Gefühl der Verantwortlichkeit, das Gefühl von der Verantwortlichkeit der Zeit dafür, daß sie solch eine Persönlichkeit unter sich gehabt und von ihm solches Zeugniß gehört hat."*

Scheint sein Werk auch vielgestaltig zu sein, so hat Kierkegaard doch verstanden mit Gottes Hilfe grade das Entscheidendste so unter die Augen zu rücken, daß es nicht übersehen werden kann: jenes Wirken nämlich, in dem er am meisten an Maleachi erinnert, den letzten Propheten im Judentum. Wie dieser hat Kierkegaard mit einschneidendem Nachdruck geltend gemacht, daß die idealen Forderungen in Kraft bleiben müssen, daß nicht abgelassen noch nachgegeben werden darf, auch wenn die Zeit es noch so sehr zu fordern scheint. Damals machten die Priester Concessionen, sie ließen das Lahme, Blinde, Geraubte für voll gelten bei dem Opfer, weil der Besuch des Tempels spärlich geworden war; sie machten die Türen weit, um die Menge zu gewinnen — oder weil es für sie selbst vorteilhaft war und ihrer Gesinnung entsprach. Kierkegaard vernahm, daß man in der Christenheit nicht mehr wagte das Christentum in seiner absoluten Gültigkeit, in seiner gebietenden Hoheit darzustellen, so, wie es einstmals redete, als es mit göttlicher Autorität die Herrschaft über die Menschen antrat, und sie mit bis dahin ungekannter Strenge aufzog, mit der Furcht vor einer ewigen Strafe. Es klang ihm wie ein Spott, wenn gleich wol davon geredet wurde, das Christenthum herrsche in dem und dem Lande. Denn die seine Sache vertreten sollten, waren feige, sie fürchteten nichts auszurichten, ja die Menschen nur

---

* Sören Kierkegaards person och författarskap, ett försök af W. Rudin. Upsala 1880.

aufzubringen. Nicht bloß jenes Weitmachen der Türen meinte er, wo man, mehr liberal gegen sich selbst als gegen die Andern, offen außer Gültigkeit setzt, was mißfällt, sondern ebenso die Weise, welche das Christentum nur anbietet als milden Trost für besondere Gelegenheiten, als einen Rückhalt oder als eine Verschönerung des Daseins, des Daseins, in welches das Christentum gerade das herbe Wort vom Absterben und Verleugnen hineingerufen hat. Auch jene Vorsicht war ihm blind und lahm, die vor dem zu weit gehen warnt, die mahnt, auf das Erreichbare zu sehen, mit den gegebenen Verhältnissen und Menschen zu rechnen — als wäre Christus ein unpractischer Mann gewesen, da er zu ideale Forderungen für seine Zeit aufstellte; als würde nicht eben durch das Vorhalten und durch das „Du sollst aber" grade möglich gemacht, was vorher unausführbar war.*

Beide, Maleachi und Kierkegaard gehen gleich weit in schonungsloser Anklagen gegen die Priester, welche abhandeln, und ruft der Eine nach Schließung des Tempels, so fordert der Andere die Einzelnen auf an dem Gottesdienst nicht mehr Teil zu nehmen, der die Ideale ignorirt. Und Beide tun es mit der einzig wirklichen Mündigkeit, die es für Menschen giebt, auch Kierkegaard, der früher so oft gesagt hatte, daß er ohne Mündigkeit rede und geklagt hatte, daß er eigentlich doch nur ein Dichter sei: nun redete er doch mit der Mündigkeit, welche nicht im Bischofsamt oder in der Machtstellung liegt, sondern in dem festen und selbstbewußten Entschluß Alles für seine Sache opfern zu wollen, in der unendlichen Hingabe

---

* Wie weit dies auf Kirchenverfassung und dergl. Anwendung findet, darüber spricht der Brief an Rudelbach: „S. K. eine Verfasserexistenz eigener Art" S. 119.

an seine Sache, die nichts braucht und nichts fürchtet — außer Gott, dessen Sache es ist. Diese Mündigkeit giebt eben Nachdruck, weil die ganze Sele in dem Wort glüht. Bei Maleachi wurde anerkannt, daß er die Sache Gottes führte; die Aufnahme seines Buches beweist es; bei Kierkegaard wird gern die Schärfe seines Auftretens durch sein schweres Leiden und seine überreizten Nerven entschuldigt. Das ist indeß eine Entschuldigung, die auch beim besten Willen nicht mehr geltend gemacht werden kann. Einerseits bezeugen seine Tagebücher, wie sehr er schon sieben, acht Jahre vorher bei sich selbst ebenso geurteilt hatte, und andrerseits bezeugen auch die Zeitgenossen, daß er in all der Heftigkeit des Streits unverändert geblieben war. Professor Bröchner in Kopenhagen, dessen pietätvolle Erinnerungen ja durch seine grundverschiedene Stellung zum Christentum nicht entkräftet werden, berichtet übereinstimmend mit jenen Aeußerungen in Dagbladet, aus seinem letzten Gespräch mit Kierkegaard im Sommer 1855, wie dieser mit größester Klarheit und Ruhe über die hervorgerufene Situation gesprochen, und ihn erstaunen machte darüber, wie er in dem gewaltsamen Kampf, der so tief in sein Leben eingriff und seine letzten Kräfte in Anspruch nahm, nicht bloß die gewohnte Sinnesruhe und Freudigkeit bewahren konnte, sondern auch den Scherz.*

Diese Zeugnisse der Zeitgenossen, zu denen ganz besonders auch der Zeitungsartikel von Rasmus Nielsen gehört („Verfasserexistenz" S. 143) sind ein gutes Werk. Weil man nur bei gutem Willen in den scharfen, zum Teil schonungslosen Strafreden die Milde und die Liebe im Grunde

---

* Det nittende Aarhundret udgivet af Georg Brandes og Eduard Brandes 1877 (Märzheft).

warten sieht, und weil man so leicht Alles wegerklärt als krankhafte Verbitterung: ist es so dankenswert, daß Kierkegaards eigne Worte bekräftigt werden von Solchen, die in seiner letzten Zeit persönlich erfuhren, daß seine Liebe zu den Menschen und sein Frieden im Glauben bei ihm blieb und an ihm sich bewährte in den bittersten Erfahrungen und in den heftigsten Stürmen. So war es; sein ganzes Lebenswerk war bis zuletzt eine Arbeit der Menschenliebe im Glauben. Wenn man dies nicht deutlicher gemerkt hat, so war wol der Grund, daß man die Menschenliebe nicht so versteht wie er. Er versteht sie so, daß einen Andern lieben bedeutet: ihm helfen, daß er Gott liebt, oder daß einem helfen zur Liebe Gottes, der einige wahre Ausdruck dafür ist, daß man ihn liebt.

Diese Auffassung der Menschenliebe ist beides, hoch und tief, besonders gegenüber der unklaren und verschwommenen Erklärung, daß Menschenliebe und christliche Vollkommenheit sei: für das Gemeinwohl des menschlichen Geschlechts, für das allgemeine Beste wirken — was in der Praxis darauf hinauszulaufen scheint, daß man das Leben leicht und gesellschaftlich macht. Dagegen ist Kierkegaards Verständniß hoch und streng, aber doch wol nicht überspannt und es wird auch von ihm nicht übertrieben, denn es ist ja ebendies, was Jesu Christi Menschenliebe war und Kierkegaard schildert sie so, wie er sie bei Jesus Christus ausgeprägt fand — worin ihn die eigne Erfahrung unterstützte, die ihn lehrte: in dem Maße, wie man mit dieser Liebe ernst macht, wird es auch Ernst, daß Liebe zu Gott ist Haß der Welt.

Doch war und blieb seine Liebe fern von pietistischer Schroffheit. Man kann ihn wahrlich nicht beschuldigen, daß er mehr gestoßen als geführt habe, und bei ihm kann man nicht vermissen, was bei ernsten Pietisten oft so empfindlich fehlt: das freundliche Eingehen in die Denkweise und die Voraussetzungen Derer, welchen er helfen will. Eher könnte man meinen, daß K. zu weit entgegengehe, zu weit umhersuche auf dem ästhetischen Gebiet um Fühlung zu gewinnen; aber es ehrt ihn, daß er es tat. In seiner Einübung im Christentum führt K. so fromm aus, wie die Einladung des Evangeliums an Alle ergeht und an Jeden, auch an den, der sich am weitesten verstiegen und verlaufen hat; wie sie ihm nachgeht auf seinem Wege um ihn zurück zuholen. Was er da ausführt, hat er auch selbst getan nach den ihm verliehenen Gaben. Den Menschen aufsuchen, da wo er ist, in dem worin er lebt: das ist ihm das Geheimniß der Kunst des Helfens. So sagt er ja auch: „Du ernster, strenger Mann — sei Du der bewundernde Zuhörer, der sitzt und anhört, was jenen andern Menschen erfreut, den es noch mehr erfreut, weil Du es so anhörst; aber vergiß nicht die Absicht, welche Du hast, daß das Religiöse hervorsoll. Oder, wenn Du es vermagst, so stelle Du selbst das Aesthetische mit all seiner Zauberei dar, fessele womöglich den andern Menschen, stelle es in der Leidenschaftlichkeit und Gestalt dar, wie es ihn grade anspricht, ausgelassen für die Ausgelassenen, schwermütig für die Schwermütigen, witzig für die Witzigen usw. — aber vergiß vor Allem nicht Eins: Deine Absicht, daß das Religiöse hervorsoll. Tue es nur, fürchte Dich nicht davor es zu tun, denn wahrlich es läßt sich nur tun in viel Furcht und Zittern. — Kannst Du das, kannst Du genau die Stelle finden, wo der Andere ist, und dort beginnen, so kannst Du vielleicht das Glück haben ihn dahin zu führen, wo Du bist."* Ja nicht wahr, das ist doch das Gegenteil von aller pietistischen Schroffheit, die kurz und ohne weiteres Einlassen verwirft und verurteilt, was des Andern Gedanken erfüllt. Und diese weit ausholende Weise ist doch grade darum starke und lautre Liebe, weil sie ohne Selbstbetrug ist, weil sie gar nicht glaubt damit Alles und Alle zu bewegen sondern an einem „vielleicht" sich genügen läßt, und in Rücksicht auf dieses Vielleicht die große Arbeit und die lange Zeit nicht scheut.

So hat Kierkegaard seine Zeit aufgesucht, wo sie war, im Aesthetischen und Intellectuellen und hat ihr davon geredet fesselnder, geistvoller als ein Anderer. Er selbst nennt dies Verfahren einen Betrug, ein Hineinbetrügen in die Wahrheit, was mit komischer Naivität nun nachgesprochen wird in einer Weise, die unverkennbar zeigt, daß der Redende nicht weiß wovon er spricht bei seinem Reden von „pia fraus" „Jesuitismus" und dergl. Es ist hier nämlich wie wenn die Bibel selbst die bedenklichste Vorstellung ruhig ausspricht, die einem bei ihrer Darstellung etwa auftauchen kann, daß sie z. B. selbst sagt: es reuete Gott, wenn bei ihrer Darstellung solche Idee aufkommen könnte; aber solches Paradox macht einen doch nachdenklich und hilft einem grade die Sache viel tiefer verstehen; nur wenn man sehr gedankenlos ist, kann man es direct nachsprechen. Solchen „Betrug" wie Kierkegaard üben ja die Meisten, welche Menschen für das Religiöse gewinnen wollen; man versucht z. B. mit Hilfe der Kunst, oder durch persönliche Liebenswürdigkeiten anzulocken. Der Unterschied ist nur, daß die Meisten im Aesthetischen hängen

---

* S. K. eine Verfasserexistenz usw. (Halberstadt, Loose) S. 19.

bleiben, und ihre Absicht vergessen; während Kierkegaard dabei mit unerschütterlicher Sicherheit auf sein Ziel losgeht, daß das Religiöse hervorsoll, das Christentum des Neuen Testaments.

Und wie verträgt sich damit jenes scharfe Auftreten, das an Maleachi erinnert? Recht gut. Kierkegaard wußte also, daß er durch jenes Aufsuchen und langsame Leiten vielleicht bewegen könnte, dahin zu folgen, wo Gottes Liebe ist — vielleicht auch nicht. Er bewegte Manche aber nicht Alle, denn nicht Alle wollten darauf eingehen. Aber die christliche Liebe erstreckt sich ja nicht bloß auf Einige und sie denkt auch grade an die am meisten, welche am schwersten zu erreichen sind; wie es ja ein schöner Ausdruck für die christliche Liebe der Herrnhuter ist, daß ihre Missionare grade zu den entferntesten und vernachlässigsten Völkern gingen. Kann man nichts für die tun, welche nicht hören wollen? Doch ja, man kann sie wenigstens zwingen aufmerksam zu werden. Es ist das grade, was sie nicht wollen, aber es ist auch das, was sie zu allererst brauchen. Dazu kann man sie zwingen. Zu weiterem freilich nicht, aber doch dazu und das ist das erste und nötigste. Was es kosten kann, das wußte Kierkegaard gut, aber er hatte sich frühe dazu entschlossen und war willig es zu leiden. Am Anfang des Jahres 1847, als er eben erst die Einführung in das eigentlich Christliche begonnen hatte, schreibt er bereits in seinem Tagebuch: „Ich will die Menge aufmerksam machen auf ihren eigenen Ruin. Und wollen sie nicht mit Gutem, so will ich sie zwingen mit Bösem. — Es ist nicht meine Absicht, sie zu schlagen; ach, Einer kann doch nicht die Menge schlagen — nein, ich will sie zwingen mich zu schlagen. So zwinge ich sie ja mit Bösem. Denn schlagen sie mich erst, so werden sie aufmerksam, und schlagen sie mich todt, so werden sie unbedingt aufmerksam und ich habe absolut gesiegt. — So verderbt sind die Menschen nicht, daß sie eigentlich das Böse wollen; aber sie sind verblendet und wissen eigentlich nicht, was sie tun. Alles dreht sich darum sie hinauszulocken in das Entscheidende." Dies ist das Letzte und Aeußerste, was man tun kann, und so tat es Kierkegaard auch erst nachdem er alles Andre erschöpft hatte und am Ende seines Lebens. Aber dies aufmerksam machen auf die unwahre Stellung zu Gott und auf das Christentum des Neuen Testaments ist doch ein Helfen, daß man Gott liebe; es ist ein Führen zur Gnade, weil deutlich wird, daß man sie braucht. So ist es auch nicht unähnlich dem Verfahren der „Wahrheit," welche sich den Menschen preisgab, damit sie wenigstens hinterher verstehen müßten, daß sie die Wahrheit n i c h t lieben, das Heilige nicht leiden mögen und — Erlösung brauchen.

Am Schluß eines Buches über Kierkegaards Christentums-Verkündigung sagt Prof. F. Petersen in Christiania: „Auch darin zeigt sich S. K. als eine Uebergangsgestalt (d. h. „als eine unklare Gestalt"), daß er keinen eigentlichen Schülerkreis bildete. Es giebt außerordentlich Viele, auf die er eingewirkt hat, aber Schüler im eigentlichen Sinn hat er nicht bekommen. Der eine Teil ist von ihm für das Christentum gewonnen worden, aber hat darüber Kierkegaard als Lehrmeister aufgeben müssen, um nach der heiligen Offenbarung zu greifen. Diese sind wol zum größten Teile später treue Diener der Kirche geworden. Von K. haben sie starke, lebendige Impulse empfangen, die nicht ohne prägenden Einfluß für ihr geistliches Leben blieben. Wie verschieden sie auch von K. selbst sind, so sind sie es doch zunächst, in denen K.s Auftreten der Kirche recht zu gute kommt. Ich könnte Lust haben von ihnen zu sagen, daß sie Kierkegaards Geist geerbt haben, wenn auch dabei zu bemerken ist, daß die Geistesgleichheit zunächst darin besteht, daß K. sie getrieben hat, aus vollem Herzen dem Herrn Jesus Christus dienen zu wollen. Der andere Teil hat sich zunächst an seine negative Kritik des damals bestehenden Kulturlebens geheftet . . . . sie haben Kierkegaards Kostüm, seine Kleider geerbt". — Dies ist zwar bei weitem nicht die überraschendste Aeußerung jenes Buches, aber überraschend ist es doch, daß Kierkegaard deßwegen eine unklare Gestalt sein soll, weil er keinen Schülerkreis bildete. Denn was Petersen hier sagt, bezeugt grade, daß Kierkegaard geglückt sei, was er erstrebte, nämlich die, welche sich führen ließen, zur vollen, persönlichsten Hingabe an Christus zu bewegen und ja nicht bei sich festzuhalten als eine Schule. Wie sehr er dies scheute, kann eigentlich Keinem entgehen. Er spricht so oft davon, daß der Lehrer sich entziehen und bei Seite treten muß, damit nicht eine geistige Abhängigkeit aufkomme, welche den Andern um sein Gottesverhältniß betrügt. Da wo „die Werke der Liebe" ausführen, daß es das wahre Liebeswerk ist, einem zur Liebe Gottes zu helfen, da betonen sie auch mit Paulus, daß die Liebe nicht das Ihre sucht, und darum den Andern am liebsten gar nicht will empfinden und merken lassen, was er ihr verdankt. Das tut sie eben aus Liebe, denn der Andre soll allein stehen in seinem Verhältniß zu Gott; es muß Ursprünglichkeit in diesem Verhältniß sein, und damit diese zu Stande komme und er nicht ein Christ aus zweiter Hand werde, verdeckt sie möglichst, was er ihr verdankt, und wehrt den hingebenden Anschluß ab. Sie tut es auch aus Wahrhaftigkeit gegen Gott, daß ihm die Ehre bleibe, denn es ist doch im Grunde jedesmal Gottes Werk, wenn ein Mensch zu ihm kommt. Die Dienste welche man etwa dabei leistete, soll man daher selbst als das Verschwindende behandeln — dem Andern gegenüber, während es Gott gegenüber ein Grund zum Dank bleibt, wenn er einen zu solchem Werk ausrüstete und benutzte.

Es kann ja sehr ansprechende Pietät sein, die einen Menschen als geistlichen Vater ehrt und seiner Leitung sich hingiebt, aber religiös angesehen ist da doch eine Unklarheit und ein Mangel an Character. Was dagegen Petersen von

Kierkegaard aussagt, wird zu einem unbeabsichtigten Zeugniß für ihn und für seine große Selbstbeherrschung.

Er besaß eine außerordentliche Herzenskenntniß, die er unter der strengen aushaltenden Arbeit an sich selbst erworben hatte, jene Ueberlegenheit des Geistes, die sofort den Andern geneigt macht sich führen zu lassen und eine eminente Gewalt über die Sprache. Diese Kräfte braucht er natürlich bei seinem Werk aber mit beständiger Vorsicht, daß er nicht sich eine Gewalt über die Herzen schaffe. Daß er es konnte und wie — sah er gut. Ja er besaß selbst in hohem Grade jene psychische Macht, welche so oft in religiösen Bewegungen die eigentliche bewegende Kraft war, mit der man so leicht Menschen fesseln und fortreißen kann. So ziemlich das stärkste Beispiel von dieser psychischen Macht, die er durch den Blick ausüben konnte, ist mir was Meyer Goldschmidt in seinen Lebenserinnerungen (Kopenhagen 1877) in dieser Beziehung ganz absichtslos mitteilt. Er erzählt da ziemlich unbefangen, daß er gelacht habe über jenen Artikel Kierkegaards gegen den Corsar, der doch seinem Genossen P. L. Möller das Blut aus dem Gesicht trieb.* Nach einiger Zeit (in welcher der Corsar fort und fort Kierkegaard verspottet hatte) begegnete Kierkegaard G. auf der Straße und sah ihn mit einem großen bittern Blick an. Goldschmidt versuchte auch diesen Blick komisch aufzufassen, aber vermochte es nicht. Es war ihm als würde die Decke von dem höheren Rechte K.s weggenommen, welches er bisher nicht sehen konnte, aber auch nicht sehen wollte, obschon er es ahnte. Er fühlte seine verächtliche Stellung und ging nach Hause

---

* Noten zu S. K.s Lebensgeschichte S. 107 (Halle, Fricke).

mit dem Entschluß den Corsar aufzugeben, der ihm doch ziemlich viel Geld einbrachte.

Man kann sich wol nur sehr unvollkommen vorstellen, welche Anstrengung es kostet und welche tägliche Selbstverleugnung, solche Kräfte nicht zu brauchen, um Anhang und Einfluß zu gewinnen, wenn man sie besitzt und über ihre Größe und Wirksamkeit sich klar ist. Es ist ja nicht bloß die Selbstüberwindung, wie wenn einer aus Schonung gegen Andere Tag um Tag ein unvollkommenes Werkzeug braucht, während ein anderes zur Hand ist, das seine Mühe sehr erleichterte; hier ist ein beständiges Niederhalten, ein Zurückdrängen der eignen Kraft nötig, während er doch zugleich mit aller Anstrengung arbeitet. Daß es K. vermochte, zeigt wie ernstlich er fromm vor Gott die Persönlichkeit respectirte. Bezeichnend dafür sind einige Mitteilungen in den erwähnten Erinnerungen Prof. Bröchners. Er sagt da: „Ich habe selbst in meinem Verhältniß zu S. K. mehr als einmal erfahren, wie er verstand zu erheben, wenn man niedergebeugt war, zu trösten, wenn man trauerte und dies ohne daß man von dem zu sprechen brauchte, was einen bedrückte oder betrübt machte. So erinnere ich mich einmal im Herbst 1850, da ich, weil ich keine Wohnung hatte finden können, eine kurze Zeit in einem unbehaglichen Gasthaus wohnte, und durch den Einfluß dieser Umgebung die mißmutigen Gedanken die Oberhand bekamen, daß mir eines Abends, während ich verstimmt auf der Straße ging, Kierkegaard begegnete, der ein Gespräch mit mir anknüpfte. Ohne daß ich ein Wort von mir zu reden brauchte, sah er mit seinem scharfen Blick, daß mir not tat aus einer gedrückten Stimmung heraus zu kommen, und er verstand durch sein Gespräch, ohne daß er einen Augenblick dies direct zu beabsichtigen schien, so meinen Sinn frei zu machen, daß ich ihn froh und freudig verließ und für lange Zeit von der Macht der Schwermut befreit war.*

„Meine Abweichungen im Verhältniß zum Christlichen verbarg ich nicht vor ihm, aber wir disputirten nie darüber. (Br. der Docent der Philosophie war, hatte ihm z. B. gesagt, daß er das Neue Testament lese, um aus dem Ueberlieferten das primitiv Christliche herauszufinden, während für K. die Bibel eine Einheit war, und nicht Gegenstand für wissenschaftliche Untersuchung, sondern für die persönliche Aneignung, für den Gehorsam). Wenn er niemals versuchte meine abweichenden Anschauungen direct zu widerlegen, kann ich nach der ganzen freundlichen Teilnahme, die er mir stets zeigte und deren ich dankbar eingedenk bin, den Grund nur darin suchen, daß ich mich ehrlich und ernstlich mit der Sache beschäftigte, die für ihn die höchste war, und daß ich so vertraut war mit dem, was er darüber geschrieben hatte und mit seinem ganzen Gedankengange, daß ich die ausreichenden Voraussetzungen zu einem Schluß hatte und diesem durch einen Andern nicht näher gebracht werden würde, sondern in jedem Fall nur durch mich selbst." So blieb Kierkegaard im Verkehr wie in seinen Schriften treu seiner Erkenntniß, daß nichts gewonnen ist, wenn man durch Anwendung der Ueberlegenheit für seine Sache gewinnt, sondern daß der Entschluß von innen heraus kommen, daß Jeder selbst für sich wählen und entscheiden muß. Es gehört zu den größesten

---

* Wie sehr K. versteht befreiend und stärkend zu Bedrückten zu reden, haben ja Manche z. B. aus den Reden über die Lilien vernommen.

Seltenheiten, daß dies Beides in einem Menschen sich vereint: energische Liebe zur Wahrheit und Achtung vor der Persönlichkeit; und wer für solches auch nur psychologisches Interesse hat, freut sich, wenn es ihm ein seltenes Mal begegnet. Denn sonst ist Beides weit auseinander auf sehr verschiedene Menschen verteilt. Es gab und giebt ja Menschen, die voll Eifer sind Andern zur Wahrheit zu helfen, zur Erkenntniß Gottes und ihrer selbst; es gab auch Menschen, die sich gleichwie Kierkegaard diesem Dienst mit ganzer Sele geweiht haben, bereit sich vor die Räder zu werfen, wenn sie den Wagen nicht anders aufhalten können. Laß uns z. B. an Augustinus denken, aber welcher Unterschied! Denn Augustinus brauchte doch im Eifer für die hohe Sache seine großen Gaben um die Menschen zu überreden, sie müßten das Christentum annehmen, es sei das einzig Vernünftige und sei ausgemachte (objective) Wahrheit — und er rief ja auch die Statsgewalt an, daß sie die Widerstrebenden in die Kirche führe. Und so ist's in der Regel: wer entschlossen mit persönlicher Hingabe zur Sache des Christentums steht, der bietet denn auch Alles auf, was ihm zu Gebote steht, um wo möglich Alle in das Christentum hineinzubringen, ohne viel zu sorgen, ob sie auf rechte Weise hineinkommen, ohne zu fragen, ob man überhaupt auf verkehrte Weise hineinkommen kann, ohne zu bedenken, daß man durch eine unwahre Stellung zur Wahrheit Schaden leidet an seiner Sele. Wer aber Respect hat vor der Persönlichkeit des Andern und Sinn dafür, worin ihr Wert und ihre Hoffnung ruhen, der ist in der Regel wesentlich gleichgültig gegen das, was der Andere glaubt, wenn es bei ihm nur innere Ueberzeugung und Wahrheit ist. Beides zusammen, die unbedingte Hingabe vereint mit dem unbedingten

Respect vor der Persönlichkeit ist — namentlich bei großen Gaben — sehr selten.* Mancher bekommt es anscheinend gar nicht in seinen Kopf, daß Beides sich vereinen läßt. Denn das Unglück ist, daß es den Meisten so sehr schwer wird zusammen zu denken und zusammen zu halten, was sie einzeln und gesondert ganz gut verstehen. So versteht man das eine Mal mit einer gewissen Rührung, daß das Christentum die Menschenliebe in die Welt gebracht hat, und das andre Mal mit einer gewissen Bitterkeit, daß die Menschen schlecht sind und keine Gottesfurcht haben — aber diese Gegensätze zusammenhalten, nicht um sie durch eine Theorie aufzulösen, sondern um das Handeln danach einzurichten: erst das zeigt Reife und reift auch.

Es ist etwas ganz Bestimmtes, was Gegenstand des wahren Glaubens ist, aber es muß auch ganz bestimmt sein, daß man glaubt, daß der Glaube wahrer, persönlicher Glaube ist, sonst hat man jenen Gegenstand des Glaubens ganz und gar nicht — denn man hat ihn ja nur im Glauben. Dieses Beides festzuhalten in ganzer Bestimmtheit und auf Beides so hinzuwirken, daß Keines Schaden leidet, das ist die Aufgabe! Wie gesagt, es wird meist anders verfahren — doch bedarf Kierkegaards Weise für Christen keiner Rechtfertigung, da der „Meister" so verfuhr und verfährt, daß er ablehnt seine Ueberlegenheit zu brauchen, obgleich und weil

---

* Mit gleichem Recht kann man sagen: hier wird der Respect vor dem Christentum vereinigt mit der Liebe zu den Menschen; während er mit äußerster Anstrengung arbeitet, um wo möglich Alle zu gewinnen, hält er doch unbedingt auf des Christentums Hoheit und Reinheit und will um keinen Preis durch Abschwächungen es annehmbarer machen; s. Verfasserexistenz S. 109 u. f.

die Menschen selbst wünschen, der eignen Entscheidung überhoben zu werden.

Diese Bemerkungen zeigen wol, daß es mißlich ist von einer Theologie Kierkegaards zu reden; ungefähr wie es bedenklich ist von einer Theologie der Propheten zu reden. Doch hat er Bedeutung für die Theologie; denn er sucht auch die auf, welche sich in der Theologie verlaufen haben, um sie mit sich zu führen. Er hat in diesem Sinn Seezeichen für die Theologie ausgelegt, die das tiefe Wasser markiren, in dem man sich halten muß, will man sich nicht festfahren in Triebsand oder Klippen. Sollten diese Grundbegriffe in Beziehung zu einem theologischen System gebracht werden, wie man Seezeichen auf einer Karte einträgt, so scheint mir das von Ritschl am meisten orientirende Linien zu geben, in der Form wie es durch Prof. Herrmann dargestellt ist.

Theologen und Religionsphilosophen verschiedener Art meinen, das Christentum sei eine Lehre und zwar eine Lehre über Gott und Welt neben andern. Jede solche Lehre könne nur in so weit Anspruch machen auf Gültigkeit, als sie sich in Uebereinstimmung finde mit dem, was man anders woher, aus den Naturwissenschaften, aus Geschichte und Philosophie über Menschen und Welt wisse. Es sei also zu beweisen, daß das Christentum am besten von allen Weltanschauungen mit den sonstigen wissenschaftlichen Ergebnissen übereinstimme. Daß damit das Christentum entthront wird, liegt auf der Hand. Einstmals trat es so festen und sichern Schrittes einher; daß es Anstoß erregte, beirrte es nicht; es verstand sich darin, daß es die Herzen der Menschen offenbar machte. Es ging so sicher seinen Gang durch die Welt, weil es alle Menschen vor seinen Richterstuhl forderte. Nun soll es sich selbst vor den Richterstuhl der „wissenschaftlichen" Kritik stellen, nun soll es seine Gültigkeit beweisen und daß es hineinpaßt in die Gedanken und Vorstellungen der Menschen — sonst wird es zurecht geschnitten oder abgewiesen als veraltet und nicht mehr zeitgemäß.

Jene Auffassung nennt denn auch Prof. Herrmann irreligiös und unsittlich; er erklärt es für eine verhängnißvolle Einbildung, daß man den Interessen des Erkennens nachgeht, wo in Wahrheit die Selbstbehauptung des fühlenden und wollenden Subjects in Frage steht. Er führt aus, daß der Wert einer Religion gar nicht abzuschätzen ist nach ihrem

Verhältniß zu dem menschlichen Wissen, sondern danach, wie weit sie das Ganze einer in sich geschlossenen Person ermöglicht und abhilft dem Bedürfniß des Menschen: sich nicht in der Welt zu verlieren, sondern sich als ein von der Welt unabhängiges Ganze zu fühlen, als Selbstzweck, dem die ganze Welt als Mittel dient.* Das sind Berührungspunkte mit dem was Kierkegaard geltend macht.

Daß Denken, Speculiren nicht der Weg ist, auf dem man sich zu Gott naht, sollte doch nachgerade klar sein, nachdem wiederholt Männer von bedeutender Denkkraft, wie in jüngster Zeit Biedermann, consequent diesen Weg gegangen sind und dadurch tatsächlich gezeigt haben, daß bei solchem Vorgehen Gott immer unbestimmter und unbestimmbarer wird, bis man zuletzt nur noch etwas sieht wie einen geistigen Grund der Welt. Das will doch eben sagen: auf diesem Wege entfernt man sich von Gott; denn wenn ein Gegenstand immer undeutlicher wird und dem Gesichtskreise entschwindet, je weiter man vorschreitet, so ist das ja ein Ausdruck dafür, daß man sich in entgegengesetzter Richtung bewegt, sich entfernt. Für die Theologie ist es wertvoll, daß dies von tüchtigen Denkern ehrlich mit vollem Ernst ausprobirt ist durch Experiment, und diese Art des Feststellens gilt ja sonst Alles. Hier hat das Experiment nun noch ein besonderes Gewicht dadurch, daß es mit früheren Versuchen übereinstimmt und zwar mit Versuchen seit mehr als 2000 Jahren. Denn wenn die letzten 2000 Jahre keine Aenderung gebracht haben, wenn das Resultat wesentlich dasselbe blieb, gleichviel ob ein griechischer Weiser, ein

---

* Herrmann: Die Religion in ihrem Verhältniß zum Welterkennen und zur Sittlichkeit (Halle 1879) S. 259, 272, 275 u. a.

indischer Denker oder ein Philosoph in der Christenheit den Weg consequent beschritt: so ist das doch wol ein starker Erfahrungsbeweis, stark genug um klar zu machen: wer jenes Resultat nicht wählen will, muß auch den Weg nicht wählen. — Aber der Weg des Denkens hat für denkende Menschen so viel Anziehendes, daß man keinem Experiment, keiner Erfahrung beweisende Kraft zugestehen will, sondern immer einen Fehler im Einzelnen vermutet und immer wieder von neuem versucht, ob man nicht Gott und Welt doch durch Denken gewinnen kann. So äußert sich z. B. auch Prof. Plitt ganz unverholen, obwol er die Frage: ob Theologie Wissenschaft ist „im Licht der Idee der Persönlichkeit" behandeln will! Doch ist diese Persönlichkeit freilich auch allzu selbstlos, da ihr das höchste Ziel nicht ihre Seligkeit ist, sondern eine speculative Betrachtung von Himmel und Erde (S. 47)!

Kierkegaard weiß, daß alles Schelten und Donnern gegen dieses Denken nichts hilft; darauf hört man nicht. Was haben auch Luthers starke Worte gegen die Vernunft gewirkt; wie bald erlaubte sie sich wieder die alten Uebergriffe! Luther faßte aber auch die Gewissen an; und sicherlich, das ist und bleibt der nächste Weg zu dem Religiösen herumzuholen. Doch die Antriebe des Gewissens setzen eben selbst wieder das Denken in Bewegung, wo dieses Vermögen entwickelt ist. Denn die sich im Irrgarten der Speculation verlaufen, sind doch nicht lauter gewissenlose Leute, nur daß vielleicht eben vermöge der Speculation die Gewissensbewegungen im allgemeinen Schuldbewußtsein, im Schmerz der Endlichkeit münden, statt als S ü n d e n bewußtsein weiterzudrängen. — Was ist da zu tun? Da gilt eben die

Anweisung: „Vermagst Du es, so stelle Du selbst das Aesthetische (Intellectuelle) mit all seiner Zauberei dar, fessele womöglich den andern Menschen, aber vergiß vor Allem nicht Eins: daß das Religiöse hervorsoll". Das tut denn Kierkegaard. Er sieht, worin sich die Denker bewegen und redet zu ihnen von dem was sie interessirt; er sucht sie zu fesseln. Diesen Sinn hat das Hervorkehren des Paradoxes.*

Nun wol, es giebt Leute, welche nur das für Wahrheit halten, was man, wie Grundtvig sagt, ungefähr auch einem klugen Hunde begreiflich machen kann. Solche Leute wenden sich vermutlich ab, so wie sie nur das Wort hören, doch deswegen ist das Paradox bei Kierkegaard kein Absagebrief an den Verstand; ganz im Gegenteil, es ist grade für den Verstand bestimmt ihn zu fesseln. Denn was für die Stimmung das Hell-Dunkel ist, was aigre-doux für den Geschmack ist und ὀξύμωρον für den Witz, das ist das Paradox für den Verstand: das Anlockende.

Als Kierkegaard auf ästhetischem Gebiet ernstlich entgegenging, brachte er Probleme hervor, welche an die herrschende hegelsche Philosophie anknüpften aber zu Problemen des persönlichen Lebens wurden. Da zeigte sich, daß die Lust am Erkennen und das Forschen nach Wahrheit durchaus nicht so ernstlich war, als man sich den Anschein gab. Hier redete K. zu den Aesthetikern und Philosophen, während er in den gleichzeitigen religiösen Reden zu Allen redete, aber

---

* Schiödte hat ganz richtig bemerkt, daß in der Afsl. E. (vom Endpunkt der allgemeinen Religiosität aus) wesentlich von dem existenziellen Paradox die Rede ist, welches aufkommt, wenn ein existirender Mensch sich verhalten soll zu der ewigen Wahrheit. Aber das erste ist gleichwol das metaphysische Paradox, und auf dieses kommt es hier an.

die Probleme waren den Meisten zu schwer und führten zu weit, man ging wenig darauf ein. Deßwegen hatte sich Kierkegaard doch nicht vergeblich bemüht; er war nun wie ein Spion im Dienst der Wahrheit, der offenbar machte, wie es stand, wie viel Ernst hinter dem Rühmen der Wissenschaftlichkeit usw. steckte. Aehnlich wirkt vielleicht das Paradox bei den Theologen.

Das Paradox ist eine Zusammensetzung von Begriffen oder Wesenheiten, welche der Verstand nicht reimen kann, und diese Zusammensetzung ist insofern das Ungereimte, das Unbegreifliche, welches der Verstand nicht faßt. Das Paradox ist daher die Grenze des Verstandes und darin liegt das Anziehende, das Reizende für das Denken. Denn wol meinte jener blinde König sein Reich gehe bis ans Ende aller Dinge, aber das war eben auch phantastisch geredet, und phantastisch wird doch wol der Verstand nicht sein wollen. Für einen Phantasten mag es unleidlich sein, von festen Grenzen zu hören, aber der Verstand, wenn er wirklich Verstand ist, will doch sein Reich kennen und wird daher sofort aufmerksam, wenn er von einer Grenze desselben hört; durch die Grenzen bekommt er ja den Begriff von seinem Reich, in dem er sich selbst versteht. So redet denn K. von lauter Paradoxen, die wesentlich nur für tüchtige Denker da sind, für die, welchen „Denken" das höchste ist; für Andere haben sie keine wesentliche Bedeutung, die brauchen auf diese Schwierigkeiten gar nicht aufmerksam zu werden. Kierkegaard beginnt dabei im Metaphysischen, aber da er im Sinn behält, wohin er will, werden die Paradoxe zugespitzt auf das Gebiet der persönlichen Existenz. Es wird da gesprochen von dem paradoxen Wesen Gottes, daß er da ist in Unerkennbarkeit —

was bedeutet, daß er absolutes Subject ist und für Nichts Object, also nur zugänglich für ein subjectives Verhalten; von dem paradoxen Wesen des Menschen, daß er zusammengesetzt ist aus Zeitlichem und Ewigem, was sich gar nicht reimt. Dann die Paradoxe der christlichen Dogmatik: daß Gott Mensch wird; daß der Mensch als Sünder geboren wird und also durch seinen Ursprung selbst in Gegensatz gerät mit seiner Bestimmung. Als Beispiel für die Behandlung verweise ich auf die Darlegung des Paradoxen im Begriff Gott-Mensch (Einübung im Christentum S. 27 und 148). In der Abhandlung: „Der Gottmensch ein Zeichen des Widerspruchs" wird auch bemerkt, daß man sich natürlich von dem Paradox abwenden und z. B. eine speculative Einheit von Gott und Mensch, von Gottheit und Menschheit aufstellen und sich damit unterhalten kann; aber begreiflicher Weise bleibt das christliche Paradox ruhig bestehen und wird durch das Denken nicht im mindesten aufgelöst.

Alle die Paradoxe der christlichen Dogmatik verschlingen sich dann zu einem Knoten in dem großen Paradox der Erlösung, welches ja enthält, daß der Mensch in der Zeit die Ewigkeit gewinnt und zwar eben nicht durch ein immanentes Verhältniß sondern durch das Verhalten zu etwas Aeußerem, zu etwas Historischem und dieses Historische ist selbst wieder das absolute Paradox, daß Gott Mensch geworden ist.

Zu diesen Paradoxen wird das Denken gerufen, daß es verstehe: dies sind und bleiben Paradoxe. Dies einzusehen ist für den Verstand sehr wichtig; damit versteht er seine Grenze und sich selbst. In diesem Sinn sagt K. (Eft. Pap. 3, 18.) „Kants Theorie von dem radikalen Bösen hat nur ben einen Fehler, daß er es nicht recht bestimmt fest macht, daß das Unerklärliche, das Paradox eine Kategorie ist. Darum dreht sich eigentlich Alles. Man hat nun beständig so geredet: „zu sagen, dies und das läßt sich nicht verstehen, befriedigt nicht die Wissenschaft, welche begreifen will." Hier liegt der Fehler; man muß grade umgekehrt sagen: wenn menschliche Wissenschaft nicht anerkennen will, daß es Etwas giebt, was sie nicht verstehen — kann, oder noch genauer: Etwas wovon mit Klarheit zu verstehen ist - daß sie es nicht verstehen kann: so ist Alles verwirrt. Dies ist nämlich eine Aufgabe für die menschliche Erkenntniß: zu verstehen, daß es Etwas giebt, was sie nicht verstehen kann und was das ist.

„Die menschliche Erkenntniß ist gewöhnlich sehr geschäftig zu verstehen und zu erklären, aber wenn sie sich zugleich will die Mühe nehmen sich selbst zu verstehen, muß sie grabezu das Paradox aufstellen. Das Paradox ist nicht eine Concession sondern eine Kategorie, eine ontologische Bestimmung, welche das Verhältniß ausdrückt, zwischen einem existirenden, erkennenden Geist und der ewigen Wahrheit."

Diesen Zweck hat also das Hervorkehren der Paradoxe. Und gesetzt, sie finden, was sie voraussetzen, ein ernstliches und ehrliches Denken — uub das muß man doch bei denen voraussetzen, die sich der Wissenschaftlichkeit rühmen und die Philosophie preisen: so wird ihnen wol deutlich, daß diese Dinge sich nicht begreifen, nicht verstehen lassen. Und doch läßt sich nun aufzeigen, daß eben diese Paradoxe die höchste Stufe der menschlichen Selbstentwicklung bezeichnen.

Der Anfang, wo von Selbstentwicklung im Ernst noch gar nicht gesprochen werden kann, ist ja dort, wo der Mensch

nur unterscheidet zwischen Lust und Unlust, Behagen und
Unbehagen. Da liegt der Schwerpunkt seiner Existenz nicht
in ihm sondern außer ihm — gleichviel ob er selbst ausdrück-
lich glaubt der Notwendigkeit zu gehorchen oder nicht; den
Inhalt des Lebens giebt ihm nur das Verhältniß zu etwas
Aeußerem. Eine Entwicklung giebt es ja, aber was entwickelt wird, ist nicht das Selbst, sondern die Empfänglichkeit
für das Schöne, das Große, das Tiefsinnige und Angenehme;
das Selbst bleibt im Hintergrunde. Die höchste Erhebung
im Kunstgenuß ist ja grade Selbstvergessenheit, indem man
sich selbst „sein eigenes kleines Ich" vergißt vor dem Kunst-
werk und in Stimmung aufgeht.

Die höhere Stufe ist erreicht, wenn sich der Mensch
bewußt wird ein „Selbst" zu sein, welches sich der ganzen
Naturwelt gegenüberstellen kann, obschon es den Naturgesetzen
unterworfen ist. Da unterscheidet der Mensch in seiner Existenz zwischen Wesentlichem und Unwesentlichem und zwar ist
ihm das Wesentliche sein Selbst, nämlich das, was er durch seine
Freiheit ist, das, was er von seiner Existenz frei in sich auf-
genommen hat und begründet hat durch Wahl und Entschluß
im Gehorsam gegen die Pflicht, indem er sein will, was er
ist und sein soll. So kann man ja auch das Zufällige und
das Notwendige des Daseins sittlich in sich aufnehmen, und
was man so in sich aufnimmt, ist das Allgemeine, das Menschliche, oder genauer: sein eignes Dasein in der geschichtlich
gegebenen Stellung in der menschlichen Gesellschaft. Wenn
der Mensch „sich selbst" wählt, verwirklicht er das Allgemeine
in Beruf, Familie, Gemeinschaft, Vaterland und das giebt
seinem Leben Bedeutung, weil sich das Sittliche als unver-

gänglich geltend macht und man das Ewige hat und Gott hat im Unterschied von Gut und Böse.

Die nächst höhere Stufe ist offenbar die, wo man nun im eigenen Selbst unterscheidet zwischen Zeitlichem und Ewigem, wobei das ganze zeitliche Dasein als das Unwesentliche und Zufällige erscheint gegenüber dem Ewigen, ja die ganze Zeitlichkeit zuletzt als ein Schattenspiel erscheint ohne wesentliche Bedeutung, aus dem man sich daher zurückzieht in ewiges Erinnern. Je mehr dieses Zurückziehen glückt, um so mehr findet man das ewige Wesen, das wahre Sein — aber mit Verzicht auf die persönliche Fortdauer, denn die Persönlichkeit erweist sich als eine Form der Zeitlichkeit gegenüber dem ewigen Geist, und die endliche Existenz macht sich grade fühlbar als die schmerzliche Verhinderung im Haben der ewigen Wahrheit durch das ihr anhaftende Schuldgefühl, welches mit der Selbstvertiefung wächst — bis zur Verzweiflung über die Ohnmacht und Gebundenheit. Von diesem dritten Stadium kann ja gut gesprochen werden zu dem reinen Denken; über dieses Zurückziehen aus dem Endlichen in das Absolute weiß es Bescheid, wenn auch nur in der Idee, nicht existirend wie griechische Philosophen und indische Büßer. Doch nur das Handeln führt zur Erfahrung nicht das Speculiren; jenes Handeln und Existiren, welches von dem römischen Hauptmann berichtet wird, daß er Barmherzigkeit übte, betete, fastete um Gott zu finden.

Kann nun eine noch höhere Stufe gedacht werden? Ja, wenn sich das Ewige mit dem Existiren vereinigt, wenn man sich in seiner ganzen zeitlichen Wirklichkeit überführen kann in das Ewigkeitsverhältniß, so daß dieses nicht mehr hinter der Endlichkeit liegt, im Grunde, als ein Gegenstand der

Erinnerung, sondern nach vorhin, als Ziel. Dies ist unverkennbar eine höhere Stufe der Selbstentwicklung, weil hier nicht wie vorher das Ewige im Menschen gewonnen wird auf Kosten seiner endlichen Persönlichkeit, sondern die endliche Persönlichkeit selbst sich gewinnt und behauptet in Ewigkeit. Und dies geschieht durch jene Kette von Paradoxen — durch das Christentum. Dem Menschen, der als Sünder seines Ewigkeitsverhältnisses mit Gott verlustig gegangen ist, so daß es auch mit der Aufhebung dieses Daseins nicht wiederhergestellt werden kann — diesem Menschen wird nun ein neuer Ausgangspunkt eröffnet, ein Verhältniß zu Gott in der Zeit, also ein historisches Verhältniß zu Gott, in welchem die existirende Persönlichkeit die ewige Seligkeit gewinnt. Natürlich soll nicht behauptet werden, daß diese Entwicklung des Selbst rein von innen erfolge; nein, statt von Entwicklung könnte man ebenso gut von Erziehung sprechen; noch weniger soll behauptet werden, daß man hier eine natürliche, religions-philosophische Construction des Christentums habe. Das wird abgewehrt durch den paradoxen Character des Christentums. Dieser paradoxe Character ist ein Ausdruck dafür, daß diese Stufe der Selbstentwicklung in keines Menschen Herz von selbst aufgeht, daß sie eine Existenz-Mitteilung ist. — Dieses Stadium erweist sich zugleich als das höchste darin, daß es formell das erste Stadium wieder aufnimmt, während es dem Inhalt nach die höchste Steigerung der Selbstentwicklung ausdrückt. Der Mensch lebt hier wieder in dem Verhältniß zu etwas Aeußerem; der Schwerpunkt seines Lebens liegt außer ihm selbst und in dem Verhältniß zu einem historischen Menschen, aber so, daß er in diesem

Verhältniß das absolute Gottesverhältniß hat und darin seine persönliche Unsterblichkeit und Seligkeit.*

Kierkegaard (Climakus) stellt dafür eine sehr gedrängte Formel auf, die ich im Vorstehenden zu erläutern suchte. Sie lautet: Das Individium ist undialektisch in sich und hat das Dialektische außer sich (die **ästhetischen** Auffassungen).

Das Individuum ist dialektisch nach innen in sich selbst in **Selbstbehauptung**, so daß also der letzte Grund nicht dialektisch in sich wird, da das zu Grunde liegende Selbst gebraucht wird zur Selbstüberwindung und Selbstbehauptung (die **ethische** Auffassung).

Das Individuum ist dialektisch bestimmt nach innen in **Selbstvernichtung** vor Gott (die **allgemeine Religiosität**).

Das Individuum ist paradox-dialektisch; jeder Rest von ursprünglicher Immanenz ist vernichtet und aller Zusammenhang abgeschnitten; das Individnum befindet sich auf der äußersten Spitze der Existenz (das **Christliche**).

Diese Bestimmungen sind also formulirt für ein Denken, das Kraft und Willigkeit hat, bis an seine Grenze zu gehen und zu verstehen, daß dies die Grenze des Denkbaren ist. Dieses Denken wird dann nach jener Formel davon überführt, daß eben jene Grenzbestimmungen ein Gebiet umschreiben, welches die denkbar höchste Ausgestaltung der Persönlichkeit einschließt, — gleich wie etwa die neue Mathematik die Möglichkeit eines weiten Gebiets jenseits des Vorstellbaren

---

* Der alttestamentliche Fromme bildet eine eigentümliche Zwischenstufe, weil er einen historischen Anfang für sein Verhältniß zu Gott hat als Glied dieser Volksgemeinschaft (und darin liegt der wesentlich ethische Character) — aber außerdem die Hoffnung eines neuen Anfanges.

zeigt, zu welcher sichre mathematische Folgerungen hinführen. Von einer Möglichkeit ist zunächst nur die Rede und es soll das Denken nur im Sinn behalten, was es freilich oft vergißt, aber was ihm doch recht nahe liegt, nämlich, daß es das Denken eines existirenden Geistes ist, und zwar eines Geistes, der in der Zeit existirt. Dann kann es wol auch einsehen, daß dieser Geist im Werden ist, und daher die Lebensanschauung in der Form der Lebensaufgabe hat, die Weltanschauung in der Frage, welche Stellung er in der Welt zu verwirklichen hat. Prof. Räbiger* sagt: mit Recht werde von dem Philosophen gefordert, daß er die Ideen seines Systems auch zur Sache seines Lebens machen müsse; dasselbe gelte von den Theologen. Das ist eine gute und nötige Bemerkung, einer von dem Punkten, bei welchen Kierkegaard viel Ursache hatte zu verweilen (vergl. „Lessing und die objective Wahrheit"). Dann fährt Räbiger fort: „Wenn sich dies ethische Verhalten der Theologie von selbst aus ihrem Ursprung und der Natur ihres Gegenstandes ergiebt, so ist es um so schwieriger das intellectuelle Verhalten zu bestimmen, welches sie zu ihrem Gegenstande einzunehmen hat." Gewiß, das ist sehr schwierig, wenn dies „intellectuelle Verhalten" darauf hinauslaufen soll, daß man „in rein objectiver Weise" „den Inhalt des Glaubens in seiner vernunftmäßigen, allgemein gültigen Wahrheit erweise." Das ist allerdings sehr schwierig mit jener Forderung zu reimen; denn es ist ein Widerspruch und eine Verkehrung, ja eine Unwahrheit: rein objectiv als ein System des Seins zu betrachten, was eine Aufgabe für das Werden ist. Dagegen ist es wol

---

* Theologik (Leipzig 1880) S. 116. und 178. 179.

nicht so schwierig das intellectuelle Verhalten darauf zu richten, daß es die Stufen in der Ausgestaltung der Persönlichkeit als solche zu begreifen hat.

Hier ist daher für die Theologie, welche die wissenschaftliche Bestimmung des Christentums auf sich nimmt, eine Linie vorgezeichnet, welche die allerschärfste Abgrenzung ermöglicht und einen Nachweis seiner allgemeinen Gültigkeit. Will die Theologie dieser Linie folgen und diese Sätze ausarbeiten, so kann es nicht fehlen, daß sie ebenso scharf das Christentum von der allgemeinen Religiosität unterscheidet, wie die Botanik etwa ein Laubholz von einem Nadelholz unterscheidet, auch da, wo alle äußeren Kennzeichen des Laien fehlen bis in die mikroskopischen Teile hinein. Daß dies die wichtigste Aufgabe der Religionsphilosophie ist, kann wol nicht zweifelhaft sein und ebenso wenig daß es eine dankenswerte Leistung wäre, da ja anscheinend selbst Mancher, der berufsmäßig das Christentum verkündigt, ganz naiv die dritte oder zweite jener Stufen für das Christentum hält, ja wol gar für ein geläutertes, von den Schlacken der vergangenen Jahrhunderte gereinigtes Christentum. Doch kann diesen Dienst natürlich nur eine Religionsphilosophie leisten, die ohne Parteinahme ist in dem Sinn, daß sie nicht aus Vorliebe für eine Stufe die andern ungerecht behandelt. Sollen die Unterschiede klar gemacht werden, so müssen die einzelnen Stufen bis in ihre höchste Entwicklung verfolgt werden. So tut Kierkegaard; die allgemeine Religiosität z. B. zeichnet er so ideal,* daß Petersen ganz ungehalten darüber wird, weil sie doch „Rationalismus" sei und bleibe. Nun, vielleicht ließen

---

* „Aus und über S. K., Früchte und Blätter" (Halberstadt, Loose) giebt davon Proben.

sich Namen aus dem Heidentum nennen, welche eine so hohe
Ausgestaltung illustriren, in jedem Fall macht aber grade
die Ausführung bis zum Idealen deutlich, daß das Christentum nicht eine einfache Steigerung der allgemeinen Religiosität ist, sondern von Grund aus und in der ganzen Richtung verschieden. Solche unparteiische Darlegung verlangen,
heißt gewiß viel verlangen, aber Parteilosigkeit auch in anderm
Sinn fordern, das ist zu viel verlangt. Es ist zu viel verlangt, daß ein Mensch ohne Parteinahme, ohne persönliches
Interesse, ohne Leidenschaft von dem reden soll, was das
höchste Interesse eines Jeden ist oder das Gericht über ihn.
Ueber wissenschaftliche Probleme soll man in rein objectiver
Weise reden, aber von dem Verhältniß zu sich selbst und zu
Gott so reden, das ist unmenschlich — und weil Kierkegaard
so urteilt, läßt er auch nicht einen Pseudonymen so verfahren.
Für die ersten Schritte geht es an als Beobachter zu sprechen,
aber wenn das Religiöse ausgedrückt werden soll und gar
das Christliche, so kommt man ja zu dem, wodurch die eigne
Persönlichkeit ihr Urteil empfängt, und um so schärfer verurteilend, je unpersönlicher man sich dazu stellt. Wer das
nicht merkt, der weiß nicht wovon er redet; er ist „undialektisch in sich" und kann deßhalb auch nicht davon reden.

Bei Kierkegaard geschieht daher die Darlegung des
fundamentalen Unterschiedes zwischen allgemeiner Religiosität
und dem Christenthum schon im Anfang durch Einen (Climatus), der mit Bewußtsein von dieser allerpersönlichsten Angelegenheit redet, der weiß, was eine ewige Seligkeit für ihn
bedeutet. So soll es doch auch sein: während das Denken
an seine Grenze geführt wird, soll zugleich zum Bewußtsein
kommen, daß das Denken gar nicht der ausschlaggebende

Factor bei der Ausgestaltung der Persönlichkeit ist, sondern nur vorbereitend mitwirkt.

Diese Behandlung der Paradoxie des Christentums will ich das erste Wahrzeichen nennen, welches Kierkegaard für die Theologie aufstellt. Soll klar werden, was Christentum ist, so muß es auch dargestellt werden als das, was es von Anfang war: den „Griechen" eine Torheit, denn die Griechen verstanden sich auf das Denken, gleichwie die Juden genug religiöse Energie hatten, um sich zu ärgern. Für das Denken ist das Christentum unbegreiflich; dies recht klar und durchsichtig machen, heißt daher sich mit dem Erkennen in Einvernehmen setzen, sich verständigen. Es wird dem Denken sein Recht gegeben und dem Christentum auch — nämlich daß es die denkbar höchste Stufe der Selbstentwicklung ist, an der äußersten Grenze der Denkbarkeit, und eine neue Existenzmitteilung; daß also bei dem Christentum gar nicht die Frage ist, ob man es begreifen kann, sondern ob man darin existiren kann, und darin existiren will. Die Paradoxie des Christentums bedeutet darnach, daß die Theologie hinüberzuführen hat von dem Denken auf das Gebiet der persönlichen Lebensauffassung, auf das Gebiet des Wahrhaft-Wirklichen, welches die Ausgestaltung der Persönlichkeit ist, worin sie sein will, was sie ist, und wird, was sie sein soll. Dort hört jede Apologie des Christentums auf, denn nun ist es der Mensch, der sich zu verantworten hat vor dem Christentum. Will er darauf nicht eingehen, nun wohl, so ist die Sache doch klar gestellt — und mit „Wissenschaftlichkeit" soll er nicht mehr kommen, das Salz ist dumm geworden.

Läßt man sich dagegen von dem Denken einschüchtern,

weil es von „absurd" und dergl. redet, läßt man sich dadurch einschüchtern und will man dann das Christentum vor dem Denken rechtfertigen, um seine gnädige Zustimmung zu gewinnen, sucht man also Alles ganz vernünftig und begreiflich zu machen — wenigstens bis zu einem gewissen Grade: so wird das Christentum verändert; seine Bestimmungen werden in das Phantastische gesetzt und das Ganze wird, wie Kierkegaard sagt, Phantasterei, zum Teil auch Gottesleugnung.

In den Werken der Liebe, da wo er das Thema ausführt: „die Liebe glaubt Alles – und wird doch niemals betrogen!" führt Kierkegaard Einen redend ein. Der sagt unter anderm: Nur oberflächliche, unerfahrene oder leidenschaftliche Menschen, welche sich selbst nicht kennen und natürlicher Weise in Folge dessen auch nicht wissen, daß sie Andere nicht kennen — urteilen rasch weg. Niemals so der Einsichtsvolle, der Wissende. Denn der Unerfahrene, der gar kein Pferd kennt, er meint, das eine Pferd ist wie das andere — also kenne ich sie alle; nur der Bereiter hat eine entwickelte Vorstellung davon, wie groß der Unterschied sein kann, wie sehr man auf die verschiedenste und gegenteiligste Weise bei einem Pferde fehlgreifen kann, und wie zweifelhaft alle Kennzeichen sind, weil doch jedes Pferd etwas eigenartiges für sich ist. Und nun der Unterschied zwischen Mensch und Mensch! Wie unendlich! Falls es nicht so wäre, so wäre der Mensch herabgewürdigt; denn des Menschen Vorzug vor dem Tiere ist nicht bloß, was man zumeist nennt: das Allgemein-Menschliche, sondern zugleich, was man meist vergißt: daß der Einzelne innerhalb der Gattung etwas wesentlich Verschiedenes und Eigentümliches ist. Und dieser Vorzug ist recht eigentlich der menschliche Vorzug vor den Tieren, der erstgenannte ist der Vorzug des Menschengeschlechts vor den Tierarten. Ja, wenn es nicht so wäre, daß der eine Mensch ehrlich, aufrichtig, achtungswert, gottesfürchtig unter denselben Umständen grade das Gegenteil von dem tun kann, was ein andrer Mensch tut, der ebenfalls ehrlich, aufrichtig, achtungswert, gottesfürchtig ist: so gebe es kein wesentliches Gottesverhältniß; es wäre nicht da in seiner tiefsten Bedeutung. Wenn man mit unbedingter Wahrheit einen Menschen nach einem allgemein gegebenen Maßstab beurteilen könnte, so wäre das Gottesverhältniß wesentlich abgeschafft, so wäre Alles nach außen gewendet und vollendete sich heidnisch im Stats- oder Gemeinschaftsleben; da wäre das Leben allzu leicht geworden aber auch sehr ler, da wäre die Anstrengung aber auch die Selbstvertiefung weder notwendig noch möglich, welche grade in den schwierigsten Zusammenstößen des unendlichen Mißverständnisses das Gottesverhältniß entwickelt."

Wie gesagt, so läßt K. Einen reden. Mancher denkt vielleicht dabei: „das ist ganz Kierkegaard" — dann wird ihn die folgende Wendung überraschen, mit der K. auf eine andre Hauptsache übergeht. „Kannst Du mir sagen, wer das gesagt hat? Nein, das ist eine Unmöglichkeit; es ist gänzlich zweibeutig; der mißtrauischste Mensch kann dies eben so gut gesagt haben, wie der liebevollste — in seiner Eigenschaft als Wissender. Kein Mensch hat es gesagt, es ist unmenschlich geredet, es ist ein Tönen, das erst menschliche Rede wird in der verschiedenartigen Durchgeistigung durch eine Persönlichkeit, die ihre Stimme darin abgiebt. Das hier ist Wissen, und Wissen ist als solches unpersönlich und soll unpersönlich mitgeteilt werden. Das Wissen setzt Alles in Möglichkeit und ist insofern außerhalb der Wirklichkeit des Daseins — eben in Möglichkeit; erst mit dem ergo, mit dem Glauben beginnt der Einzelne sein Leben. Im Wissen ist keine Entscheidung; die Entscheidung, die Persönlichkeits-Bestimmung ist erst im ergo, im Glauben — während das

Wissen seine Höhe grade darin erreicht, daß es entgegengesetzte Möglichkeiten ins Gleichgewicht setzt. Dies tun können heißt wissend sein und nur wer entgegengesetzte Möglichkeiten mitteilen kann, nur der teilt Wissen mit. Die Entscheidung im Wissen zu geben ist eine Verkehrtheit, welche freilich — ja Verkehrtheit ist und bleibt sie, aber in diesen Zeiten ist sie das echte Tiefe, des tiefen Denkens echter Tiefsinn geworden. — Der Mißtrauische und der Liebevolle haben das Wissen gemein, der Mißtrauische ist nicht durch dieses Wissen der Mißtrauische, noch der Liebevolle durch dies Wissen der Liebevolle. Aber wenn dann in einem Menschen das Wissen die entgegengesetzten Möglichkeiten ins Gleichgewicht gebracht hat, und er soll oder will urteilen, so zeigt sich, in dem was er dann **glaubt**: wer er ist, ob er mißtrauisch ist oder liebevoll. Nur sehr verwirrte und halbbefahrene Menschen meinen einen Andern vermöge des Wissens zu beurteilen. Das kommt daher, daß sie nicht einmal wissen, was Wissen ist, daß sie niemals sich Zeit und Fleiß geschafft haben, den unendlich gleichmäßigen Sinn für Möglichkeiten zu entwickeln, oder mit der unendlichen Kunst der Doppeldeutigkeit die Möglichkeiten aufzufassen und sie ins Gleichgewicht zu bringen, oder in Durchsichtigkeit zu begründen."

Zu diesen Worten kann vielleicht eine weitere Ausführung wünschenswert sein, und eine solche bietet mir in bester Weise Prof. **Rasmus Nielsens** Jubiläumsschrift.* Da ist von solchen entgegengesetzten Möglichkeiten die Rede, in welchen das Wissen sein Höchstes erreicht, und von dem Glauben. „Es ist möglich, daß diese Natur, das Universum, in dem

---

* R. Nielsen: Philosophiske Grundproblemer 1879, Kopenhagen.

wir leben, nur eine großartige Einleitung ist, eine Stufe in der unendlichen Skala, auf welcher die ewige Weisheit ihr Werk, die Erzeugnisse ihres Willens emporführt, entgegen dem Ziel der Vollkommenheit; aber das Gegenteil ist ja auch möglich. Wo sind wir nun? Ist es so, daß die ganze Entwicklung vor sich geht innerhalb dieses sichtbaren Universums, oder giebt es Realsysteme von höherer Ordnung, in welchen die Vollendung erreicht wird? Wir wissen es nicht; Möglichkeit steht gegen Möglichkeit.

In derselben Unwissenheit werden wir befangen, wenn die Frage nach der Fürsorge des Alles bestimmenden Selbstwesens für die beseelten Wesen, besonders für die selbstbewußte Seele soll beantwortet werden. Es ist ja möglich, daß der ewige Geist unendlich gleichgiltig ist gegen das Wohl und Wehe der beseelten Wesen, es ist ja möglich, daß das unveränderliche Naturgesetz, welches ein Maß setzt dem Genuß und ein Ziel dem Leiden, der einzigste Trost der Lebendigen sein muß, daß die Idealität, welche aus Qual und Schmerz von selbstbewußten Wesen destillirt werden kann nicht den Individuen selbst zu Gute kommt, sondern ein Opferduft ist, welchen die allmächtige Freiheit für sich allein genießt. Aber es ist ja auch möglich, daß das Wesen des Geistes Liebe ist, daß die scheinbare Gleichgiltigkeit mit zu der Weisheit gehört, welche alle Räthsel löst und einmal in höheren Regionen sich verklären wird zu einem redenden Zeugniß von der väterlichen Fürsorge, mit welcher das absolute Selbstwesen von Ewigkeit her den relativen Selbstwesen ein gründliches, stufenweises und deßhalb schmerzliches Erlangen der Freiheit hat sichern wollen, zu welcher sie bestimmt sind. Auf welcher Seite steht nun die wirkliche Wahrheit!

Wir wissen es nicht: Möglichkeit steht gegen Möglichkeit. Sind wir hiermit fertig? Keineswegs. Auf dem neutralisirenden Gleichgewicht entgegengesetzter Möglichkeiten ist es unmöglich zu leben. Kein freier vernünftiger Mensch kann sein Leben ohne eine vernünftig bestimmte Lebensanschauung führen; aber eine bestimmte Lebensanschauung ist nur möglich auf Grund einer entscheidenden Wahl zwischen entgegengesetzten Möglichkeiten. Hier ist die Grenzscheide zwischen Religion und Wissenschaft, zwischen Glaube und Wissen. Das Höchste, wohin wissenschaftliche Einsicht reichen kann, ist: die Möglichkeiten klären und die Notwendigkeit der Wahl zeigen; aber für die Wahl selbst kann die Wissenschaft nicht verantwortlich sein: die Verantwortung liegt auf der wählenden Persönlichkeit. Wer also wählt einer Anschauung zu leben, welche das Individuelle dem Allgemeinen aufopfert, die Freiheit unter die Notwendigkeit beugt und das Selbst in unendlicher Resignation entgeistigt: kann ebenso wenig auf wissenschaftliche Gründe sich berufen, wie der, welcher wählt zu streiten für die persönlichen Ideale der Freiheit und zu trauen auf die Allmacht der Liebe. Beide wählen im Glauben. — — Laß einen sagen: „ich kann nicht glauben an einen allmächtigen, freien und väterlichen Gott, denn die Wissenschaft hat mich überzeugt, daß ein solches Wesen unmöglich existiren kann" und einen Andern „Ich muß notwendig an einen persönlichen Gott glauben, denn die Wissenschaft hat in der speculativen Dogmatik unwidersprechlich bewiesen, daß Gott persönlich ist": da machen sich Beide schuldig einer und derselben Verkennung des Anteils der Persönlichkeit bei der Beweisführung.

„Keine persönliche zusammenhängende Lebensanschauung ist möglich ohne Glauben; kein wesentlicher Glaube ist möglich ohne entscheidende Selbstbestimmung; keine entscheidende Selbstbestimmung ist möglich ohne eine Wahl; keine Wahl ist möglich ohne eine selbstbewußt wählende, für ihre Wahl verantwortliche Persönlichkeit. „Die Wissenschaft kann nicht mehr tun als dem Bewußtsein die Möglichkeiten vorlegen, zwischen welchen gewählt werden muß, und die realen Gründe beleuchten, aber die Gründe zu Motiven verwandeln, das Gewicht der Motive bestimmen und der Persönlichkeit die Verantwortung für die Wahl abnehmen: das kann sie nicht."

Hier ist also die glückliche Umkehrung des alten fides praecedit intellectum und das Ende der ewigen intellectuellen Fassung des Glaubens. Prof. Petersen z. B. sagt dagegen in seinem Buch über Kierkegaard (S. 629) „Eigentlich ist Glaube nur der Name für die Weise, in der wir in diesem Weltlauf die religiösen Wahrheiten erkennen müssen." Was das Wissen im Gebiet des Irdischen, das ist ihm der Glaube im Gebiet des Uebersinnlichen, im Gebiet der Ideen, Ideale, des Göttlichen. Er weist allerdings bestimmt das gütige Anerbieten der Speculation „den Glauben zum Wissen zu erheben" als veraltet ab, weil das Wissen in jenem Gebiet nicht Fuß fassen kann, aber dafür gilt nun der Glaube als das Surrogat, als das „Supplirende" des Wissens. Er ist ein Erkennen; er überliefert seinen Gegenstand dem Erkennen, und ist „nicht allein der Ausgangspunkt, sondern auch die bleibende Grundlage für alle intellectuelle Wirksamkeit in religiösen Dingen" (631).*

---

* Darin zeigt sich der völlige Gegensatz in dem P. zu K. steht; ebenso scharf drückt er sich aus, wenn P. meint „unsere Aufgabe ist

Kierkegaard unterscheidet, wie die angeführten Worte zeigen, klar und qualitativ den religiösen Glauben von aller „intellectuellen Wirksamkeit," mag sie Wissen, Denken, Glauben, Meinen usw. heißen, mag sie sich auf Sinnliches oder Uebersinnliches richten; der religiöse Glaube gehört einer ganz andern Sphäre an, er ist **persönliches Handeln**. Diese Scheidung giebt auch dem Wissen und Denken sein Recht, ganz anders als die tun, welche mit den tönendsten Worten die Wissenschaft preisen und sie dabei zum Lasttier machen, dem sie die Verantwortung aufladen — was einem wol spanisch vorkommen kann; denn dem spanischen Maultier sollen ja auch wol die Kosenamen und Schellen die schlechte Behandlung vergüten. Wahrlich, es ist eine fremde Sünde, die man ihr aufbürdet; sie kann nichts dafür, wenn Jemand nicht an Gott und die Erlösung glaubt. Solche Mißhandlung widerfährt ihr hier nicht, sie wird auch nicht so kurzer Hand aus dem Gebiet der Ideale hinausgewiesen; K. klagt

---

das Philosophische" (513. und „die Wahrheit des Weltideal" 495) während nach K. die Nachfolge Christi die Aufgabe und die Wahrheit ist. Da dieser fundamentale Gegensatz unausgetragen durch die Begriffsbestimmung hindurch geht, so ergeben sich sehr begreifliche Mißverständnisse. Wenn dazwischen auch geurteilt wird, K. habe religiöse Stadien verwechselt (677. 708. 838), oder er habe nur für das intellectuelle Leben Augen gehabt (735!) usw. so kann ich mir das aus optischer Täuschung oder akustischem Betrug erklären; aber gar nicht erklären kann ich mir, wenn nach langem Streiten und Tadeln P. plötzlich selbst ziemlich genau eben das aufstellt, was K. stets gesagt hat, z. B. daß es in der Natur des Geistes liege, nur durch eine Wahl in den Besitz der Wahrheit kommen zu können (653, noch stärker 662!). Ein Eingehen ist indeß nicht am Platze, weil dies Schriftchen nur an wenigen Stellen mit dem norwegischen Buche zusammentreffen wird, und wo es geschieht, da begrüßt es hoffentlich auch das schwedische Werk von W. Rudin, dem es gern das Wort überläßt.

eher darüber, daß das Wissen so selten weit genug kommt. Wenn es nur will soll es das Alles haben und behalten, so wie es überhaupt nur Etwas haben kann — als möglich, als Möglichkeiten; und die vergebliche Mühe, es als notwendig oder gar als wirklich zu erweisen, die wird ihm erspart. Angestrengt wird das Erkennen allerdings, aber nicht wie ein Lasttier, sondern wie ein Renner, dessen Lust diese Anstrengung ist. Es muß sich eilen, es ist keine Zeit zu verlieren: denn das persönliche Leben beginnt erst mit dem Glauben; durch den Glauben kommt man aus den Möglichkeiten zur Wirklichkeit. Eine ausführliche Entwicklung versuche ich nicht zu geben, das nötigste meine ich in einer frühern Schrift (Lessing und die obj. Wahrheit) vorausgeschickt zu haben, wo die anzuwendende Dialektik mit Bezug auf die Bibelkritik durchgeführt ist. Uebrigens bedarf es vielleicht auch nicht vieler Worte, um dem weniger Bewanderten zum Bewußtsein zu bringen, daß alle Ideen, Ideale, Weltanschauungen und Gottesvorstellungen nur Möglichkeiten sind, so lange sie bloß Gegenstand des Erkennens sind, und erst wirklich werden, wenn ein Mensch sie verwirklicht, indem er sie in seinem Handeln ausprägt, in seiner Existenz sie ausdrückt — und ihnen dadurch Existenz, Wirklichkeit in sich giebt. Laß uns nehmen, wovon Kierkegaard ausging. Gesetzt wir sehen ein, daß die Liebe Alles glauben kann, oder daß man an Allem zweifeln kann, und gesetzt, unsre Erkenntniß dieser Idee bewährte sich darin, daß wir ein Ideal zu fassen vermöchten, in welchem die Idee in vollkommener Weise anschaulich wird: so ist es doch eben eine mögliche Idee, ein mögliches Ideal und die Frage ist ob ich es verwirkliche. Häufig verliebt man sich in die Idee und braucht nach Art der Verliebten starke Ausdrücke, und sagt: man muß an Allem zweifeln, man muß Alles glauben; damit kann man auch sehr recht haben, aber dies ändert nichts hinsichtlich der Wirklichkeit. Auch ändert es nichts wenn man sagt: es ist nicht bloß möglich, es ist notwendig; denn wir fragen zurück: „tust Du es?" und achten auf sein Leben; da werden wir uns verständigen, was es für eine Notwendigkeit ist, wovon er redet, und wie ein Ideal zur Wirklichkeit kommt. Ebenso bei jeder Weltanschauung, bei jedem Gottesverhältniß.

Wie ernstlich man auch Solches denkt, es als wirklich und real denkt, es ist eben doch eine **gedachte** Wirklichkeit und eine gedachte Wirklichkeit ist eine **Möglichkeit.** Verwirklicht wird die Möglichkeit erst durch persönliches Ausüben und genau genommen für jeden Einzelnen, für sein Wissen, nur durch ihn selbst, durch sein eigenes persönliches Ein- und Ausüben; denn bei jedem Andern ist es im Grunde für ihn doch nur eine Möglichkeit. Dazu sagt Kierkegaard in der Rede über das Wort „Er ist geglaubt in der Welt": Ja, das ist ganz gewiß: Du weißt, wie viel Tausende an Ihn geglaubt haben, in diesem Glauben gelebt haben, und in diesem Glauben gestorben sind. Und doch, nein, es ist nicht so. Wenn Du nicht selbst glaubst, so kannst Du nicht wissen, ob irgend ein einziger Mensch an Ihn geglaubt hat; doch wenn Du selbst glaubst, so weißt Du, daß er geglaubt ist in der Welt, daß Einer da ist, der an Ihn geglaubt hat. Der eine Mensch kann nicht in des andern Menschen Herz schauen, wo der Glaube wohnt, oder richtiger, wo man sieht ob der Glaube da ist oder nicht; das heißt: nur der Einzelne weiß bei sich selbst vor Gott im Bezug auf sich, ob er glaubt ober nicht. Also, Du kannst nicht wissen, daß so und so viel Tausende geglaubt haben; Du weißt nur, daß so und so Viele versichert haben, sie hätten geglaubt; daß so und so Viele für diesen Glauben gestorben sind — doch was sage ich, das weißt Du ja nicht, Du weißt bloß, daß sie für diesen Glauben umgebracht wurden (von denen — welche doch nicht wissen konnten, ob sie diesen Glauben hatten), und daß sie versichert haben, sie stürben für diesen Glauben.... Selbst wenn Du einen einzigen Menschen auswähltest und zum Gegenstand für deine ganze Aufmerksamkeit machtest — ob er ein Gläubiger ist, kannst Du nicht wissen. Du kannst nur wissen, daß er es versichert. Wenn Du niemals selbst geliebt hast, so weißt Du auch nicht, ob jemals in der Welt geliebt worden ist, obschon Du weißt, wie Viele versichert haben, sie hätten geliebt, versichert haben, sie hätten ihr Leben für ihre Liebe geopfert. Ob sie wirklich geliebt haben, das kannst Du nicht wissen, aber wenn Du geliebt hast, dann weißt Du, daß Du geliebt hast. Sage nicht, das heiße die Gedanken so hoch spannen, daß es Ueberspanntheit werde. O weit entfernt, dies ist grade Ernst. Denn was ist doch ernstlicher als die Frage, ob „Du" geglaubt hast, oder nicht... Und deßhalb ist es Dir dienlich recht zu verstehen, daß Du wirklich nicht wissen kannst, ob ein andrer Mensch geglaubt hat: es ist Dir dienlich, damit alle Kraft und Aufmerksamkeit des Sinnes im Dienst des Ernstes kann gesammelt bleiben, damit Du das ganze Gewicht davon fühlest, daß Du es bist, auf den es ankommt."*

---

* Zwölf Reden S. K. s (Halle, Fricke) S. 131. In den religiösen Reden ist der volle Ausdruck der Persönlichkeit K.s; doch werden sie wenig benutzt, wenn er dargestellt werden soll; denn man bekommt da so viel mit sich zu tun, daß man ihn nicht betrachten kann.

Die Einführung einer Lebensanschauung, eines Gottesverhältnisses in die Wirklichkeit geschieht also nur durch den Einzelnen, und der Beginn daran ist der **Glaube**; denn der Glaube im weitesten Sinn ist die **Wahl** einer Lebensanschauung, die persönliche **Entscheidung** für ein Gottesverhältniß, was, wie R. Nielsen ausführte, die Betätigung einer verantwortlichen Persönlichkeit ist, die sich mit Selbstbestimmung entscheidet. Mit dieser entscheidenden Selbstbestimmung beginnt das persönliche Leben, in dem der Mensch seine Existenz mit Selbstbewußtsein durchbringt; daher sagte Kierkegaard: mit dem Glauben beginnt der Einzelne sein Leben.

Diese Bestimmungen sind noch so allgemein, daß auch die negative Entscheidung, das Abweisen des Gottesverhältnisses darunter paßt; aber es ist grade wichtig, daß auch der **Unglaube** verstanden wird als eine Form des Glaubens, was die alte Orthodoxie ganz richtig damit ausdrückt, daß sie die Sünde eine Position nennt, nicht eine Negation. Wie der Unglaube unter jene Bestimmungen paßt, so bewähren sie sich auch an ihm. Denn auch die Entscheidung **gegen** eine sittliche und religiöse Lebensauffassung — wenn sie eben mit dem Bewußtsein der Verantwortung geschieht, als selbstbewußte Wahl, wie sie es ist: entbindet das geistige Wesen des Menschen, daß es zur Existenz kommt; freilich in entgegengesetzter Richtung, nach dem Dämonischen hin, und die Qual liegt eben in dem Widerspruch, daß, was durch die selbstbewußte Entscheidung und Ausübung verwirklicht wird, die Verneinung ist. — Im positiven Sinne ist der erste Anfang des Glaubens, die Wahl des Sittengesetzes zur Aufgabe für das eigne Leben; **christlich** verstanden ist der

Glaube die perſönliche Entſcheidung für die Lebensſtellung zu Gott, welche durch die Offenbarung des Neuen Teſtaments angewieſen wird, um ſie zu verwirklichen als eigne Stellung zu Gott und der Welt im Einüben der Wahl, zwiſchen Zeitlichkeit und Ewigkeit. Oder mit andern Worten: der chriſtliche Glaube iſt die perſönliche Aneignung der neuen Exiſtenzmitteilung, welche darin geboten wird, daß Gott in die Zeit eintritt, dem ſündigen Menſchen die Ewigkeit zum Ziel macht und ſelbſt der Weg iſt.

Es iſt alſo die Kategorie der Wirklichkeit, zu welcher Kierkegaard die Theologie ruft; als Stätte der Wirklichkeit bringt er zum Bewußtſein die eigne Perſönlichkeit, als das Organ den Glauben, der ſich entſcheidend aneignet und handelnd ausübt, oder vielmehr einübt durch immer wiederholte Entſcheidung. Dem entſprechend ſind nun auch alle Begriffe auszuprägen, nicht als Aufgaben für das Wiſſen, ſondern als Aufgaben für das Exiſtiren. Vor allem die Wahrheit, daß ſie nicht zu beſtimmen iſt als „Weltidee,“ als „Vorſtellung“ von Gott uſw. ſondern für das Exiſtiren. Als ruhendes Sein iſt ſie nur für den vollendeten Geiſt — das hat ja doch Leſſing ziemlich deutlich geſagt — nicht für einen exiſtirenden Menſchen, der als ſolcher im Werden iſt; für ihn gilt nicht eine Wahrheit, die man weiß, ſondern eine Wahrheit, die man wird. Schon in „Entweder — Oder“ giebt K. das entſcheidende Looſungswort, indem er ſchließt mit dem Satz: „nur die Wahrheit, welche erbaut, iſt Wahrheit für dich.“ Dieſer Ausdruck iſt ſehr glücklich; ſo characteriſtiſch und doch unbeſtimmt genug um die verſchiedenen Stufen zu umfaſſen. „Erbauen“ bedeutet ja von Grund aus aufführen in die Höhe (W. der Liebe 2, 9. 14.)

und wird so angewendet auf die Ausgestaltung der Persönlichkeit. Für die ethische Stufe, ist das unendliche Recht des Sittengesetzes die Wahrheit, welche die Persönlichkeit begründet und ausbaut; in dem Allgemein-Religiösen ist das Erbauliche die Selbstvertiefung in dem Halten an Gott unter Resignation, Leiden, und dem Bewußtsein der allgemeinen Schuld; im Christentum aber ist das Erbauliche, was in Furcht vor der Verlorenheit und in Hoffnung der Seligkeit aufschreckt und aufweckt und den Menschen so umbildet, daß er alle menschlichen Leiden für nichts achtet in der Nachfolge Christi — wie das einige Kirchenlieder ausdrücken z. B. „Ein feste Burg" oder „Herzliebster Jesu, was hast Du verbrochen" Str. 12 u. 13. Die ausführlichere Darstellung dessen, was christlich die Wahrheit ist, giebt K.s „Einübung im Christentum" besonders von S. 237 an. — Ebenso heißt Gott erkennen zunächst: in dem Bewußtsein der eigenen Ohnmacht erfahren, daß Gott lebt; dann: sein Walten, seine Güte erfahren in der bis ins Einzelne gehenden Erziehung, in der Vergebung der Sünden, in der Erneuerung des Geistes. Daß Kierkegaard mit solchen Bestimmungen den Sprachgebrauch des Neuen Testaments zur Geltung bringt, bedarf doch wol keines weiteren Beweises.

Die Unterscheidung und Anwendung der Kategorieen der Möglichkeit und der Wirklichkeit dürfte auch theologisch von durchschlagender Bedeutung sein. Hierin liegt z. B. auch der Ausdruck für das Zusammenwirken des Menschen mit Gott. In Kürze wird man sagen können: Bei den Wirkungen im Irdischen schafft der Mensch die Möglichkeit, und daß er dies tut, bedingt seine Verantwortlichkeit; aber die Wirklichkeit giebt Gott; darum gebührt ihm bei dem Guten allein die

Ehre für den Erfolg, und bei dem Uebel ist der Betroffene im Stande es auf Gott zurückzuführen, wie Hiob tat, obwol ja Räuber über die Herden kamen. — Bei dem Handeln im Geistigen, bei der Ausgestaltung der Persönlichkeit giebt Gott die Möglichkeit, und der Mensch ist es, auf dem die Verantwortung liegt dafür, daß die Möglichkeit in ihm zur Wirklichkeit wird.

* * *

Wenn hier Kierkegaard eine besondern Bedeutung zugeschrieben wird für die Durchführung der Kategorie der Wirklichkeit, so ist damit wenig im Einklang die mehrfach wiederholte Behauptung, daß es ihm an „Wirklichkeitssinn" gefehlt habe. So weit ich sehe stammt die Formulirung dieses Vorwurfs von Bröchner, und dieser meint, es habe K. an Wirklichkeitssinn „gegenüber einem gegebenen Phänomen" gefehlt, in dem Sinn, daß er öfter Dinge zu ernst genommen habe, z. B. die literarische Tätigkeit Goldschmidts im „Corsar." Das reducirt sich also auf einen Streit darüber, wer die bessern Augen hat und das tiefere Verständniß; der Eine sieht einen Fleck in der Haut, und achtet ihn für unbedeutend; der Arzt sieht darin das Wahrzeichen der Blutzersetzung. Solcher Streit ist bekanntlich zuweilen ohne Entscheidung, da die Folgen nicht immer den Ausschlag geben: denn grade daß früh und mit größter Entschiedenheit gegen die Gefahr eingeschritten wird, hindert zuweilen ihr offenkundiges Hervortreten — und dann kann man freilich hinterher sagen: es war also nicht so schlimm! Das Buch Jona redet ja von dieser Schwierigkeit.

„Die rührende Naivität in der Lyrik des Mittelalters hat ihren Grund in der Individualitätsbestimmung. Diese Naivität entspricht dem Abschnitt im Leben des Kindes, wo es sich selbst mit Namen nennt und z. B. „Karl" sagt statt „ich" zu sagen. Die Individualität ist nicht ausgesondert sondern universell. Daher dies wunderlich Träumende, das, was zweifelhaft macht, von wem gesprochen wird, ob der Redende von sich selbst spricht, oder wer es sonst ist, weil es nämlich der „Mensch" ist. Dieses Wunderliche, Rätselvolle, daß das Lyrische in einer Art das Unpersönliche ist und doch grade wieder so ungeheuer persönlich. — Wie wenn eine Blume, eine Lilie z. B. reden könnte, so würde sie so reden, daß man nicht mit Bestimmtheit wüßte, welche Lilie es war die redete, aber doch als Lilie. Und so mit der Lyrik des Mittelalters: es ist gleichsam unbestimmt, welches Ich redet, oder welcher Mensch redet, aber desto bestimmter ist es, daß ein Mensch redet. Ach in unserer Zeit ist es oft umgekehrt; es ist ganz bestimmt, daß es d e r Mensch ist, der redet, und doch ist es kein Mensch, der spricht."

Man hat ja K. kurzweg zu einem Vertreter des Individualismus gemacht; diese Worte (Eft. Pap. 4, 26) mögen statt alles Weiteren einen Wink geben, daß er zwischen Individualität und Persönlichkeit zu unterscheiden weiß.

Die Kategorie „der Einzelne" ist bei K. ausgeprägt mit polemischer Spitze gegen die Gesammtheit; das ist richtig. Hiervon besonders gilt, was er in seinen Tagebüchern (1849) von seinem Wirken sagt, daß es nämlich als Correctiv zu dem Bestehenden berechnet und so zu betrachten sei. „Wer das Correctiv abgeben soll, hat nun genau und gründlich die schwachen Seiten des Bestehenden zu studiren — und dann einseitig das Gegenteil aufzustellen; kräftig einseitig. Grade darin liegt das Correctiv und grade darin wieder die Resignation für den, der es tun soll. Du milder Gott, nichts ist leichter als die andere Seite beizufügen; aber dann hört es ja auf das Correctiv zu werden und wird selbst ein Bestehendes. — Die Einwendungen zeigen daher, daß man nicht die Resignation hat, um das Correctiv abzugeben, und auch nicht die Geduld, um es zu verstehen." Also einseitig stellt Kierkegaard die Sache hin; aber daraus folgt doch wol nicht, daß sie falsch dargestellt werde? Zumal wenn es Einer tut, der nicht, wie sonst gewöhnlich in solchem Fall, selbst einseitig ist, sondern Einer, der recht gut die andre Seite weiß und sieht.

Daß Kierkegaard so starken Nachdruck auf den Einzelnen legt, geschieht eben im Interesse der Ausgestaltung der Persönlichkeit, diese klar zu stellen und zu fördern. So sagt er schon frühe: „Das Associations-Princip ist eine Ausflucht, eine Zerstreuung, ein Sinnenbetrug, dessen Dialektik ist: indem es die Individuen stärkt, entnervt es sie; es stärkt durch das Numerische, durch den Zusammenhalt, aber dies ist ethisch eine Schwächung. Erst wenn das einzelne Individuum in sich selbst hat ethische Haltung gewonnen trotz der ganzen Welt, erst da kann in Wahrheit eine Vereinigung in Frage kommen."

Hier kehre ich am passendsten zum Anfang zurück. Da war Einverständniß mit der Theologie Ritschls darin, daß der Einzelne „Endzweck" ist, daß die Persönlichkeit das „Wahrhaft-Wirkliche" ist. Nun zeigt sich eine große Differenz und Kierkegaard wird wol von Herrmann unter die „entschiedensten Pietisten" gerechnet, die mit Pfleiderer und Biedermann in ein Bündel getan werden. Denn Herrmann sagt nun: Der Mensch existirt als persönlicher Geist nur in dem Verkehr mit der geschichtlich gewordenen Gemeinschaft, welche ihn umfaßt (403); und die weiteren Ausführungen scheinen zu sagen, daß man nur in der Zugehörigkeit zu dieser Gemeinschaft die Offenbarung Gottes und ein Gottesverhältniß habe, daß man nur in dieser Gemeinschaft Christus habe. Herrmann sagt: Und dabei wird es bleiben, so lange noch keiner der Gegner den Satz widerlegt hat, daß die sittliche Person außerhalb der sittlichen Gemeinschaft eine unwirkliche Abstraktion ist. Diesen Satz kann ich freilich nicht widerlegen, auch K. nicht, denn er enthält ein rein analytisches Urteil, der Begriff der sittlichen Person schließt die Einordnung in die sittliche Gemeinschaft und die Unterordnung unter das Allgemeine von selbst ein. Aber die Frage ist, ob nicht die Selbstentwicklung weiter führt, ob nicht die religiöse und die christliche Persönlichkeit eine andere Stellung einnimmt!

Sehr treffend führt Herrmann aus, wie sich die Persönlichkeit selbst als sittlich gewinnt, indem sie sich gegenüber der ganzen Naturwelt behauptet, deren Gesetzen sie doch unterworfen ist; er nennt auch als das „religiöse" Bedürfniß des Menschen, daß er sich nicht in der Welt verliere. Gilt das aber bloß von der Naturwelt, nicht auch von der Menschenwelt? — In seiner durchschlagenden Kritik von Martensens socialer Ethik führt Bischof Monrad von Laaland aus (Politiske Breve 17): daß der Mensch ebenso den ökonomischen Gesetzen gegenüber steht, wie den Naturgesetzen. In einer Beziehung ist man beiden gegenüber ohnmächtig, auch die wirtschaftlichen Gesetze zeigen sich ebenso unabhängig von den Wünschen der Menschen wie die Naturgesetze; aber die Aufgabe ist, diesen Gesetzen nicht blind zu folgen und sich unter ihrer Herrschaft sittlich zu behaupten. Darum ist es völlige Verkennung ihrer Aufgabe wenn die Ethik sich über die ökonomische Gesetzen in schmerzlichen Klagen und Anklagen ergeht; es ist dieselbe Verkennung, wie wenn sie über Naturgesetze klagen wollte; denn sie hat die Anweisung zu geben, wie man sich unter den Wirkungsweisen solcher Gesetze (z. B. der Arbeitsteilung) sittlich bewähren und entwickeln kann, nnd sie hat nachzuweisen, wie zu einem Vorteil nach dieser Seite hin werden soll, was auf der andern Seite ein Nachteil ist. So zeigt sich schon in dem menschlich-sittlichen Gebiet eine Unabhängigkeit von den in der großen Menschengemeinschaft wirkenden Gesetzen, und diese Selbstbehauptung verdient mehr Beachtung und mehr Pflege als ihr zu Teil wird.

Eine weit stärkere Selbstbehauptung gegenüber der Menschenwelt ist in der religiösen Stellung des Menschen eingeschlossen. Dies läßt sich aus dem Wesen der Religion, insbesondere des Christentums entwickeln, aber es läßt sich noch einfacher erfahrungsmäßig feststellen. — Es ist ja wahr, eine oberflächliche Auffassung erklärt den Zusammenstoß des Herrn Jesus Christus mit seiner Zeitgenossenschaft für eine Zufälligkeit; d. h. sie erklärt ihn daraus, daß jene Zeit besonders ungöttlich war, oder als eine Folge seiner einzigartigen Aufgabe. Wie gründlich man damit fehlgreift ist wol nicht schwer zu zeigen, da Jesus selbst, was ihm begegnete, sehr bestimmt als vorbildlich hinstellt: Haben sie mich verfolgt, werden sie Euch auch verfolgen. Seine Jünger erfuhren dies bekanntlich auch und sprechen nun ihrerseits zu den Christen ebenso von dem Widerspruch der umgebenden Welt: "Verwundert Euch nicht, wenn Euch die Welt hasset" (Johannes) "Lasset es Euch nicht befremden, als widerführe Euch etwas Seltsames" (Petrus) "Ihr habt denselben Kampf, den Ihr an mir sehet" (Paulus). Soll das nun vielleicht nicht mehr Bedeutung haben, weil die Welt christlich geworden sei? In der Einübung im Christentum giebt K. ein Verfahren an, durch welches man sich praktisch davon überzeugen kann. — Herrmann geht auf diese Sachlage nicht ein; er sagt wol, daß Jesu Leben nur in sehr eingeschränkter Weise sittliches Ideal sei (394), darüber aber, wie weit es religiöses Ideal und Vorbild, habe ich keine Aussage gefunden. Dies kommt wol daher, daß er so rasch an den "entschiedensten Pietisten" vorübergeht. Hätte er bei seiner Untersuchung über das Wesen der Religion auf die religiösen Charactere geachtet, so wäre er wol veranlaßt worden zu untersuchen, ob die religiöse Selbstbehauptung nicht ganz anders fundamentirt ist, als die sittliche.

Der Religiöse sucht eben die ewige Gültigkeit seiner Person nicht bloß in der Zugehörigkeit zur Menschheit oder in dem Anteil an ihren Gütern, an ihrer Aufgabe und Bestimmung, sondern weil er unterscheidet zwischen Zeitlichem und Ewigem sucht er sein Leben und seine Vollendung in ganz directer Beziehung zu Gott, wobei er an allen Zwischeninstanzen ebenso vorübergeht, wie Luther an Kaiser und Papst, an Kirche und Stat vorüberging; der Christ also gewinnt seine ewige Gültigkeit in der directen, persönlichen Stellung zu der Offenbarung Gottes in der Zeit, zu Christus; da hat er die Wahrheit und das Leben — und zugleich den Weg, weil er in dem Leben Christi auf Erden die Weise hat, wie die Wahrheit und das Leben zu verwirklichen ist und auszugestalten. — Diese directe Beziehung auf Gott kann man unschwer an jeder ausgeprägten religiösen Persönlichkeit wahrnehmen als eine Selbstbehauptung gegenüber der Umgebung. Als Beispiel will ich nur eine allgemeiner gehaltene Aeußerung K.s anführen: In den Tagebüchern von 1848 sagt er: „Es ist und bleibt doch der einzige Trost und die absolute Zerstreuung in Allem, was man leidet, auf Gott zu sehen und an ihn zu denken, auf ihn es zurückzuführen, zu bedenken, daß es von ihm kommt, dadurch daß er es zuläßt. So entgeht man mitten in allen Verfolgungen allen Persönlichkeiten. Einer speit mir ins Gesicht; ich sehe gar nicht auf ihn, sondern auf Gott, ich richte die Rede darüber an Gott, d. h. ich bleibe persönlich ganz außerhalb und verhalte mich persönlich nur zu Gott. Ich rede nicht mit einem solchen Menschen, sondern selbst in seiner Gegenwart von ihm. Sieh, das ist der Sieg über alle Niederträchtigkeit. Jeder Mensch würde ja dies tun im Verhältniß zu einem Tier, im Verhältniß zu den Elementen, wo er kein persönliches Verhältniß anerkennt." Ist das nicht ein religiöses Verhalten? Wie es sich christlich weiter ausgestaltet zur Nachfolge Christi, ist hier nicht weiter auszuführen; aber es ist vielleicht gut, eine Bemerkung über den Unterschied vom Stoicismus beizufügen. Bekanntlich wird erzählt, daß Sokrates mit ähnlicher Objectivität sich seiner Frau gegenüberstellte, indem er bei einer bestimmten Gelegenheit die Frage, ob er denn nicht zürne, mit dem Wort abwies: „wenn ein Huhn es getan hätte, würdest Du zornig werden?" Kierkegaard bemerkt dazu: der Mangel bei Sokrates war, daß er nicht gottesfürchtig nach innen gekehrt war, sondern nur das persönliche Verhältniß ablehnte, indem er sich rein objectiv fernhielt.

Das directe, persönliche Verhältniß zu Gott, zu Christus tritt also im Religiösen an die Stelle, welche im sittlichen Lebensgebiet das Verhältniß zur Gemeinschaft einnimmt und entwickelt sich begreiflicher Weise um so vollständiger, je stärker der Gegensatz zu der Umgebung ist. Ja, als persönliches Verhältniß wird es grade erst voll bewußt, wenn es sich zu behaupten hat gegen den Widerspruch. Man kann dies an den religiösen Characteren der Bibel von Noah an sehen; man kann sehen wie Gottes Erziehung darauf ausgeht zu isoliren -- man denke nur an Sauls Salbung unter vier Augen, oder an Abraham, an David, die Propheten, man kann es auch unschwer psychologisch construiren: vor allem kann man es erfahren, nur daß diese Erfahrung das Anstrengendste von allem ist, aber auch das am meisten Ausbildende und Uebende. Das ist's, was Kierkegaard bei dem „Einzelnen" im Auge hat; s. Noten zu S. K.s Lebensgeschichte, Anhang, und Einübung im Christentum 3. Abteilung. — Ob bei Herrmann der „Verkehr" mit der geschichtlich gewordenen Gemeinschaft auch solche negative Stellung mit einschließen soll, ist mir nicht deutlich, und es dürfte nötig sein, dies recht bestimmt auszuführen, sonst möchte die ganze Anschauung durch die Gemeinschaftsidee von ihrem Ausgangspunkte abgedrängt werden, und so abgelenkt, daß doch wieder „ein intellectuelles Bedürfniß" den Platz behauptet, nämlich das intellectuelle Bedürfniß der Fassung des Einzelnen in den Begriff des Allgemeinen.

Es ist ja genauer gesprochen die „christliche Gemeinschaft" von der Herrmann redet; ihren sittlichen Verkehr, ihren Glauben nennt er den Mutterschoß unsres eignen selbstständigen Lebens; durch die Zugehörigkeit zu ihr seien wir selbst in die Lebensabsicht Christi mit eingeschlossen (401). In solchen Worten scheint die historische Kirchengemeinschaft gemeint zu sein — und dann ist eben hier der schroffe Gegensatz zu Kierkegaard ausgedrückt. Hier ist dann der Einzelne völlig der Gemeinschaft überliefert; ohne sie ist er nichts; er muß wie K. sagt, unter ihrer Schürze leben, aber dann ist er auch geborgen und bequem gebettet. Er hat nur darauf zu sehen, wie es die Andern machen, zu glauben, was die glauben, zu tun was die tun oder anordnen — und dafür wird ihm verbürgt, daß er von der Kirche zu seiner Zeit mit einer der Sendungen in die Ewigkeit expedirt wird, sicher vollkommen ebenso gut angenommen zu werden und ebenso selig zu werden, wie alle Anderen. Da ist das Bestehende die Wahrheit und der Weg, da ist das Bestehende selbst Christus geworden und das Gottesverhältniß des Einzelnen ist abgeschafft, was der Tod alles Religiösen ist (Einübung S. 97). — Andererseits nennt H. das die Welt beherrschende Geisterreich, zu welchem sich die Idee der sittlichen Persönlichkeit erweitere: einen Gegenstand des Glaubens (257), ein Ideal, das nicht mit Händen zu greifen ist; und so erscheint es als Endzweck, als Reich Gottes. Dem könnte K. zustimmen, wenn er sagt: die Christen nennen sich die Gemeinschaft der Heiligen und bezeichnen damit, was sie sein sollten und das, was sie hoffen einstmals zu werden, wenn der Glaube abgelegt und der Wanderstab niedergelegt wird (Christ. Taler von 1847 2. Aufl. S. 234).

Deutlicher dürfte die Sache werden, wenn eingegangen würde auf den Unterschied zwischen Gemeinschaft und Gesellschaft. Ueberall wo das Recht des Individuums und die Stellung der Persönlichkeit in Frage steht, wird die Sache verwickelt, wenn man nicht auf diesen Unterschied zwischen Gemeinschaft und Gesellschaft aufmerksam ist. Die Reformatoren wurden naturgemäß darauf aufmerksam und suchten ihn bekanntlich auszuprägen in der Unterscheidung von sichtbarer und unsichtbarer Kirche.*

Kierkegaard hat es nun wesentlich mit der „Gesellschaft" zu tun, oder wie er gewöhnlich sagt: dem „Bestehenden"; d. h. mit der jeweiligen Erscheinungsform der Gemeinschaft. Die Gesellschaft gleich den Knoten, in welchen sich der Halm von Zeit zu Zeit verhärtet, um danach wieder weiter zu wachsen durch neue Verhärtungen hindurch zur Blüthe. Die Tendenz der Gesellschaft oder des Bestehenden ist, sich als das Bleibende zu constituiren, als den Abschluß der Entwicklung. Es will seine Geschichte, seine Herkunft vergessen, wie zuweilen ein Bürgerlicher, der geadelt wurde, während Gottes Gedanke ist, die Gemeinschaft, das „Geschlecht" (wie K. sagt) in der Entwicklung, im Werden zu halten — denn die Vollendung

---

* Abgesehen von dieser nicht ganz glücklichen Ausprägung ist mir kein feststehender Sprachgebrauch für jene Unterscheidung bekannt. In der Einübung im Chr. habe ich S. 266 „Gemeinschaft" der Gemeinde gegenübergestellt; nach den hier gewählten Bezeichnungen müßte an erster Stelle „Gesellschaft" stehen, was auch dem Dänischen genauer entspricht. In der Encyklopädie (1879) bemerkt v. Hofmann den Unterschied zwischen „der Kirche als solcher und dem jeweiligen kirchlichen Gemeinwesen der Kirche," zwischen dem, was sie zeitweilig ist, und dem, was sie wesentlich und immer gleich ist, doch ohne dies für die Existenz zu bestimmen. Pfarrer Winter (der Individualismus, 1880) beachtet diese Unterscheidung nicht.

gehört erst der Ewigkeit an und dort erst kommt die Entwicklung zur Ruhe. Die Triebkraft zu dieser Weiterentwicklung liegt in dem persönlichen Gottesverhältniß des Einzelnen. In diesem Gottesverhältniß ist der Einzelne in Unruhe, weil er im Werden ist, und durch dies Werden und Wachsen der Einzelnen wird die Gesammtheit in Bewegung gehalten. Ein Bestehendes kann sich daher auf dem religiösen Gebiet nur festsetzen, wenn es das Gottesverhältniß der Einzelnen unterbindet; und daraus entsteht die immer wiederkehrende Collision des Einzelnen mit dem Bestehenden, welche die Entwicklung wieder in Fluß bringt. — Daß durch „das Bestehende" das Gottesverhältniß gelähmt wird, zeigt sich schon in gewöhnlichen Zeiten recht deutlich. Man achte nur darauf, welche Rücksichten auf den bestehenden Zustand genommen werden, welche Abstriche gemacht werden auf Kosten der innern Wahrheit, nur damit kein Riß in das Bestehende komme; wie die Sache selbst Schaden leiden muß, damit die Form gewahrt bleibe. Die Jesuiten haben ja consequent die Rücksicht auf das Bestehende obenangestellt, um Alle in der Kirche zu behalten — und sind ganz richtig bis zur Lösung alles Gottesverhältnisses gekommen; aber üble Hemmungen bewirkt das Bestehende auch bei denen, die für ihre Person festhalten, daß das Christentum durchaus nicht in die Welt gekommen ist, um dieses Dasein in behaglicher Ruhe zu halten, in „guter Sitte.".

Die Gemeinschaft, das Geschlecht ist und soll sein im Werden, so lange es in der Zeit ist. So lange das Werden dauert, ist aber nicht Ruhe, und doch gehört die Ruhe, die Beständigkeit zum Wesen der Gemeinschaft. Daher ist die Gemeinschaft im religiösen Sinn während des Zeitlaufs nur da in Hoffnung. Als Hoffnung stärkt und begeistert sie, aber zur Wirklichkeit wird sie erst, wie K. sagte: wenn der Wanderstab niedergelegt wird. Dasselbe führt er eingehender aus in der Einübung im Christentum, dort wo er von **streitender und triumphirender Kirche** redet. Man vergleiche es mit dem Neuen Testament, oder man halte es nur zusammen mit dem Gedanken, daß der Einzelne und die Menschheit ausgestaltet werden soll zu **ewigem Leben**. Der klarste Erfahrungsbeweis, den man sich nur wünschen kann, ist doch wol in der ersten Zeit der Christenheit gegeben, wo mit der größesten Begeisterung eine Gemeinschaft sich verwirklicht und dann — bald nach dem lebensvollen Anfang nennen die Apostel die Christen „Zerstreute", Vereinzelte, und sagen, daß Spaltungen aufkommen müssen, zum Zweck der Bewährung (1. Cor. 11, 19).

Für die speculative Betrachtung macht es sich freilich ganz einfach. Die Betrachtung braucht Ruhe und die Speculation setzt Alles in Ruhe, und kann dann ganz leicht die Gemeinschaft anbringen; sie hat ja die Bedingung dazu geschaffen, oder doch — vorausgesetzt.* Wo sie Macht gewinnt, wirksam ins Leben einzugreifen, wie der speculativen Orthodoxie einige Male gelang, da schafft sie auch in gewissem Maße Ruhe, sie gebietet Halt und verkündigt, daß die Kirche vollendet sei, normal ausgestaltet. Dies ist dann eben „das Bestehende" oder „ein Bestehendes"; es ist jene Vergöttlichung des Erreichten, eine Erstarrung in der Entwicklung, welche wieder in Fluß gebracht werden muß durch Freiwillige, die sich opfern. Und die Gesellschaft, die zeitweiligen Gestaltungen haben stets eine Tendenz sich als die Gemeinschaft zu

---

* Begrifflich und ideell ist die Gemeinschaft beständig zu gewinnen aber es handelt sich um das Existenzielle.

constituiren; dagegen soll man auf seiner Hut sein, daß man nicht mit macht, sich nicht darin verliert, sondern nach bestem Vermögen die Gemeinschaft schwebend hält, indem das directe Verhältniß zu Gott als das absolute in Kraft bleibt. Darauf gehen die Mahnungen Kierkegaards.

Das Schwierige ist dabei, daß der Mensch nicht bloß seinem Ursprung nach, historisch, einer Gemeinschaft angehört, sondern auch nach seiner ewigen Bestimmung. Gemeinschaft ist nicht bloß der Untergrund seiner Existenz sondern auch das Ziel. Wie das erstere bestimmend ist für die ethische Entwicklungsstufe, so das andere für die religiöse. Diese Bestimmung prägt sich aus in einem Sehnen nach religiöser Gemeinschaft und dieses Sehnen ist die starke Unterstützung für die Aufgabe und das Gebot des Christentums: Andere zu gewinnen für die Liebe Gottes und das ewige Leben. Man verwirklicht mit diesem Gebot zugleich die eigne Hoffnung auf Gemeinschaft, eine Hoffnung, die bei K. wiederholt einen starken und innigen Ausdruck findet, wenn er aufschaut zu jenen Herrlichen, in deren Gemeinschaft er sich sehnt zu kommen. Aber trotz aller Anläufe und Ansätze verwirklicht sich diese Hoffnung nicht in diesem Dasein; kann sich auch nicht verwirklichen, weil die Voraussetzung fehlt, weil dies Dasein kein Sein hat, sondern im Werden ist, daher kommt das Sehnen in Versuchung nach einer voreiligen und unwahren Befriedigung zu greifen, was aber eben heißt, die Aufgabe des Werdens fallen lassen und ein unwahres Sein aufrichten. Es wiederholt sich da immer was Bischof P. Kierkegaard in seiner scharfsinnigen Weise von der Makkabäischen Zeit nachweist, daß sie, statt die Hoffnung auf das messianische Heil hoch und wach zu halten, es wollte als verwirklicht hinstellen; zwar nur mit halben Worten und Andeutungen, aber mit dem ganzen Schaden für die Entwicklung. — Jene Versuchung wird noch dadurch gesteigert, daß es auf die Dauer ungemein anstrengend ist, als Einzelner das Gottesverhältniß festzuhalten; man braucht Andere, um mit ihnen davon zu reden, um an ihnen sich zu stärken z. B. wenn das tiefe Gefühl der Unwürdigkeit vor Gott sich nicht verklärt zu um so größerer Freude über Gott, sondern niederdrückt, als dürfe man ihm nicht nahen! Aber wenn das nun eine Anfechtung ist, die durchlitten und durchkämpft werden soll? Dies ist auch zu erwägen bei der Rücksicht auf die Anderen, die auch Stärkung und Ruhe durch Zusammenschluß suchen — und es ist wol wichtig Menschenliebe und christliche Liebe auf solchen Punkten zu unterscheiden, besser als z. B. die „innere Mission" tut. Beide sollen da sein in derselben Person und auf dieselben Menschen sich richten; insofern fallen sie zusammen und werden ja auch in dem gemeinsamen Namen der Nächstenliebe zusammengefaßt: aber es ist wichtig zu beachten, daß sie in der Wirklichkeit entgegengesetzte Richtung haben. Während die Menschenliebe entlastet, Ruhe schafft, das Dasein behaglich macht, sieht die christliche Liebe auf das ewige Ziel und will helfen, daß man in der Entwicklung bleibt und durch Ueberwinden entgegentrachtet der wahren Ruhe. Das Vorbild ist ja Christus, der allerlei Last wegnimmt und alle Barmherzigkeit übt, aber auch in die anstrengendsten Entscheidungen hinausführt, weil eben auf die Entwicklung der Persönlichkeit Alles ankommt: und darum bewegt es ihn so wehmütig, wenn die Menschen nur von ihm haben wollen, nicht durch ihn werden wollen. Grade die genaue Unterscheidung sichert jeder Liebe ihren Bestand und ihre Selbständigkeit, daß keine die andere verdrängt, und keine mißbraucht oder entwertet wird.

Christus erkennt ja, wenn man so sagen will, das Gemeinschaftsbedürfniß an; er kann ja Mitleid haben mit unsrer Schwachheit; und die betreffenden Worte werden viel citirt — freilich meist ohne daß man beachtet, wie er doch dabei jenes Bedürfniß auf das geringste Maß zurück schneidet, da er von Zwei oder Drei redet. Denn diesen Sinn hat es doch, wenn er sagt, daß schon eine Vereinigung von Zwei oder Drei Alles gewährt, was der Christ von einer Gemeinschaft auf Erden wünschen kann, nämlich: wirksam zu beten und Christum nahe und gegenwärtig zu haben. Und damit wird dies letztere in den Vordergrund gebracht: die Gemeinschaft mit Christus; diese Gemeinschaft, daß man mit ihm im Einverständniß ist, dies ist es in Wahrheit, was stärkt und erbaut. Sehr deutlich spricht sich dies ja darin aus, daß die Apostel so oft beim Handeln und Wandeln sagen „in Christo," also die persönliche Beziehung betonen, während wir „christlich" sagen, also das Gemeinschaftliche nennen.

Die Fixirung der Gemeinschaft in der Zeit unterbindet das Gottesverhältniß des Einzelnen und damit seine religiöse Ausgestaltung; für diese aber streitet Kierkegaard. Dagegen kann man nach den angeführten Aeußerungen K.s sagen, daß auch ihm die Gemeinschaft, das Reich Gottes das Ziel ist. Unter andern Umständen könnte er dies hohe Ziel in den Vordergrund stellen, damit zu stärken und im Streben zu halten — wenn man nicht schon allzusehr und in entnervender Weise die Gemeinschaftsidee verbraucht hätte. Das Ziel ist ihm die Gemeinschaft; doch ist dabei eben der große Unterschied, daß sich ihm das Handeln nicht in entscheidender

Weise nach diesem Ziel einzurichten hat. Das gilt nicht bloß von all der Geschäftigkeit und Betriebsamkeit, gegen die Beck so nachdrücklich eintritt und betont, daß des Herrn Arm allein die Vollendung hereinführt (Gedanken aus und nach der Schrift; 2. Folge z. B. über Pearsall Smith), es gilt auch von dem wirklichen Handeln, welches die Ausgestaltung der Persönlichkeit ist. Auch diese hat nicht die Gemeinschaftsidee zu ihrem Maßstab zu nehmen, sondern Christus selbst — wenn man nicht ins Phantastische geraten will. Macht einem der Gedanke not, daß doch das Reich Gottes ein Organismus sein soll, nicht eine bloße Vielheit von lauter gleichen Einzelnen — so dürfte das wol eine unnötige Sorge sein. Ist eine Mannichfaltigkeit in den Menschen angelegt, so kommt sie offenbar grade zur Ausprägung, wenn Jeder voll und ganz dem Vorbild sich ähnlich gestaltet, so wie er es nach seiner Eigenart und Stellung auffaßt und wiedergeben kann. Sind aber Alle wesentlich gleich angelegt, so wird es auch nicht helfen, wenn man in genialster Weise die Rollen verteilte.

Was Kirkegaard mit der Kategorie „der Einzelne" einschärft, ist nichts Neues. Allerdings ist die Kategorie weitergeführt, als wenn die Ethik die Persönlichkeit als das Wahrhaft-Wirkliche faßt, aber sie ist doch nicht weiter geführt als Jeremias (31, 34) angekündigt und Johannes und Paulus. (1 Cor. 3!) als verwirklicht aufgezeigt haben: daß Jeder von Gott selbst gelehrt wird und darum unter allen Umständen sich direct zu ihm halten soll. Davon weiß ja natürlich die Theologie auch, aber durch die Lehre von der Kirche, noch mehr durch die Auffassung des Christentums als Lehre wird es immer wieder verdunkelt — und in der Durchführung ist es so anstrengend, daß Alles, was von menschlicher Trägheit,

Feigheit, Zärtlichkeit da ist, dagegenwirkt. Der Begriff „Kirche" verträgt sich aber, wie gesagt, ganz gut mit der Kategorie „der Einzelne"; die Zusammensetzung beider ergiebt den Begriff der „streitenden Kirche" und das ist ein guter und schriftgemäßer Begriff von der Kirche. Die Einprägung für die Existenz ist viel schwieriger, und da liegt Kierkegaards Hauptwerk, seine eigentliche, seine religiöse Bedeutung.

Gewisse Dreistigkeiten und anmaßende Fragen weist Kierkegaard ab mit dem Worten: schweige, das Christentum ist das Absolute; doch wenn man es in seinem Wesen versteht als eine Existenzmitteilung, so kann man auch davon reden, daß es einen Zweck hat, nämlich: den endlichen Geist zu entwickeln für ein ewiges Leben. Denn solche Lebensmitteilung hat zur Absicht eine Lebens w e i s e, welche hervorgebracht werden soll; und da es sich um Geist handelt, der nicht zu etwas gemacht werden kann, sondern sich selbsttätig entwickeln muß, so entfaltet sich die Lebensmitteilung zu einer Lebensaufgabe, welche nicht bloß die persönliche Entscheidung für das Christentum fordert, sondern auch die tatsächliche Einübung und verwirklichte Durchbildung der Stellung zu Gott und Welt, zu Zeit und Ewigkeit, welche Christus ermöglicht und durchgeführt hat. Denn Christus ist Beides. der Erlöser und das Vorbild. Als Versöhner und Erlöser ermöglicht er das Verhältniß zu Gott und Ewigkeit, welches durch gläubige Aneignung in Besitz genommen wird; als Vorbild bringt er auf die Verwirklichung des Geglaubten im eignen Leben, welche geschieht durch die Nachfolge. In der „Einübung" erinnert K. daran, wie diese Anschauung im Neuen Testament durchgeführt ist. Ihren schärfsten Ausdruck findet sie in dem Begriff „Aergerniß," oder in der Warnung vor dem Aergerniß, welches mit dem Christentum verbunden ist, wie der Schatten mit dem Licht. Man kann wol sagen, daß Kierkegaards Weise, das Christentum zu verkündigen am meisten dadurch characterisirt wird, daß er die Möglichkeit des Aergernisses nicht verschweigt.

Die Einübung im Christentum spricht ausführlich von den verschiedenen Formen des wesentlichen Aergernisses; um so mehr kann ich mich hier mit wenigen Bemerkungen begnügen. Durch seinen paradoxen Character ist das Christentum dem Verstande ein Anstoß, und diesem Anstoß giebt der Verstand Ausdruck durch Zweifeln; denn mit Zweifel begegnet er jeder Theorie, die er sich nicht verständlich machen kann. Doch ist er elastisch genug sich an einen Widerspruch, an einen irrationalen Rest zu gewöhnen und ihn gleichsam zu dulden. Anders wird es, wenn das Christentum nun in diesem seinen paradoxen Character nicht bloß dastehen will als eine Lehre, als ein Versuch einer Weltanschauung, sondern als die Wahrheit, welche Gehorsam fordert von Allen und von Jedem; als die Aufgabe, welche Beschlag legt auf den ganzen Menschen und verlangt, daß er darin existiren soll. Er soll ganz und gar in dem leben, was sein Verstand nicht verstehen kann, seine ewige Seligkeit und Verlorenheit wird an das geknüpft, was ihm im Grunde unbegreiflich ist, an das Leben Jesu Christi auf Erden. Das ist die Möglichkeit des Aergernisses. Der Verstand hat sich eine Mythe gedichtet, die Mythe, daß er selbst das Christentum, das alte, ursprüngliche Christentum des Neuen Testaments erlösen soll, daß er es erlösen soll aus seiner angeblichen Gebundenheit in kindliche Formen und naive Darstellung. Diese Mythe gefällt ihm natürlich sehr; auf die Weise wird er ja wol selbst der Welterlöser — und darum fühlt er sich versucht zur Empörung und versucht den Menschen mit fortzureißen in Empörung, wenn das Christentum ablehnt, ein Gegenstand der Erklärung zu sein und Glaubensgehorsam fordert. Wenn die Sache so sich wendet, da fragt es sich nicht mehr (metaphysisch) ob glauben oder zweifeln, sondern (persönlich) ob glauben, ob sich ärgern! Denn das Christentum hat ein persönliches Verhältniß zu Stande gebracht. Daher ist es ein Wahrzeichen, daß das Christentum in seiner ganzen Stärke da ist, wenn die Möglichkeit des Aergernisses sich zeigt, an Stelle der Möglichkeit des Zweifels. Und darum erklärt K. die übliche Apologetik für unbewußte Verräterei, weil sie mit dem Zweifel verhandelt, der nur Platz hat, wenn man das Christentum darstellt als eine Welttheorie und es sich darum handelt, ob es die möglichst beste Welttheorie ist. Auf diese grundfalsche Stellung zum Christentum läßt sich die Apologetik herab, wenn sie den Zweifel als Gegner annimmt, während ihm aller Boden entzogen wird, wenn das Christentum gebietend hintritt als eine Existenzaufgabe, als eine geforderte Lebensstellung und Lebensweise; solche Verkündigung hat mit dem **Aergerniß** zu tun, indem sie davor warnt.

Wo indeß Phantasie und Gefühl überwiegt, oder das Denken nicht sonderlich ausgebildet ist, da ist dieses Aergerniß gar nicht zu merken, da macht es gar keine Schwierigkeiten in dem Jesus des Neuen Testaments Gott selbst zu haben und anzubeten; ja man begreift wol gar nicht, daß hier die Möglichkeit des Aergernisses ist. Dann braucht man auch nicht in diese Schwierigkeiten eingeführt zu werden, aber dafür ist um so ernstlicher nachzusehen, ob auch das Christentum als eine Existenzaufgabe verstanden und also ernstlich hineingetragen wird in die Wirklichkeit des Lebens. Wenn man vielleicht von frommen Eltern und Lehrern frühe hingeführt ist zum Christentum, und man von Kind auf gewöhnt ist in Jesus den Heiland und Gott zu sehen: dann ist die Annahme des Christentums ganz leicht und einfach, aber dann fehlt auch jene Spannung und Kraftsammlung, welche durch die Selbstentscheidung, durch die Notwendigkeit der Wahl hervorgebracht wird. Als das Christentum in die Welt kam, da brachte es die Menschen in Spannung und hielt sie in Spannung; sie sprachen ja zu Jesus: wie lange hälst Du unsre Selen hin! Und durch die ersten Jahrhunderte forderte es eine Entscheidung ernst und folgenschwer, da sie ein Bruch war mit der Umgebung, eine Trennung von dem Gewohnten und dem Bestehenden. Diese Entscheidung veränderte die ganze Lebensstellung, die ganze Existenz; darum verstand man leicht, daß das Christentum eine Existenzforderung ist und ward hinlänglich entwickelt, um es in sich aufnehmen zu können als Existenzmitteilung. Bei der milden und einfachen Weise, wie wir „Christen" werden fehlt jene Spannung und es fehlt die tägliche Erinnerung durch die Stellung zur Umgebung. Deßhalb muß die Darstellung des Christentums um so strenger daran mahnen, daß nur persönliche Durchführung, daß nur Verwirklichung im Leben gilt.

Auf diesem Punkte liegt eben wesentlich Kierkegaards Werk, und so weit ich übersehen kann ist er besonders darin ein nötiges und sehr zu empfehlendes Heilmittel für gewisse religiös angeregte Kreise in Dänemark wie in Schweden und Deutschland. Da ist anscheinend vielfach die Gefahr, daß das Christentum ein wesentlich ästhetisches Verhältniß zu Christus wird, daß man ihn bewundert und feiert wie einen Helden; das Reden wird lyrisch und deklamatorisch und das Handeln ist nicht die Nachfolge sondern Parteibildung — und Feiern. Man spricht vielleicht mit Nachdruck davon, daß die Welt arg ist; das Christentum sagt es auch, aber nun fordert Kierkegaard im Namen des Christentums, daß man jene Anschauung ausdrückt im Leben — oder sein Unvermögen eingesteht. Ja, es ist ein sehr andres Ding, davon zu sprechen, daß die Welt schlecht sei, und es handelnd ausdrücken, aber das Letztere allein gehört in das Gebiet, dessen höchste Spitze das Christentum ist, in das Gebiet des persönlichen Lebens. Die tiefere religiöse Lyrik sagt ja: „Will hier keine Ehrenkrone tragen, wo mein Herr die Dornenkrone trug" (Spitta) und solche Worte bewegen, aber es gehört doch noch viel dazu, um sie aus dem Gefühl und der Phantasie nur so weit heraus zu bringen in die Existenz, daß sie einen Maßstab für die Selbstbeurteilung abgeben.

Wird diese Wendung all den hohen Bestimmungen des Christentums gegeben, so zeigt sich wol, wie sehr es bloßstellt, wie grell vor ihm alle Untüchtigkeit, Schlaffheit, Halbheit sichtbar wird, während sie sich in gefühligen oder begeisterten Deklamationen ergeht. Dann läßt es sich nicht gut in muntern Versammlungen besingen, so wie man etwa Vaterlandsliebe feiert; es bringt so viel Ernst ins Leben, daß man sich eher daran ärgern kann. Und so meint es K., er verlangt, daß diese Möglichkeit sichtbar sein muß, die Möglichkeit des Aergernisses nämlich über den Ernst, mit dem die Ewigkeit in die Zeit tritt, wie dies Jesu Leben so stark ausdrückt.[*] Dasselbe Aergerniß ist übrigens auch nahe, wenn solche Aussagen ernstlich in die Wirklichkeit eingetragen werden, welche in Phantasie-Abstand besonders anmuten. Als Beispiel nennt

---

[*] Daß Kierkegaard die Nachfolge nicht mit einem Copiren des Lebens Jesu verwechselt, bedarf für Leser der Einübung wol keiner Erwähnung.

K. das Wort, daß Christus liebt wie ein Bräutigam; wenn „die Kirche" zur Braut gemacht wird, so ein ungeheures Etwas von vielen Millionen, das 1800 Jahre bestanden hat, so klingt es schön und innig, daß Christus wie ein Bräutigam liebt — aber „wenn ich soll sagen: wie ein Bräutigam liebt Christus mich, mich S. A. Kierkegaard, oder mich H. Martensen, oder mich J. P. Mynster — so stößt das." Und K. freut sich hoch, wenn er auf solches auch Luther aufmerksam findet; denn er hält viel auf Luther und liest regelmäßig seine Predigten. Zuweilen berührt ihn ein Mangel an Dialectik bei Luther — wie wenn z. B. Luther das Uebel auf den Teufel zurückführt, nicht auf Gott; um so mehr freut er sich dann wieder der Uebereinstimmung. So schreibt er nachher (1849): „Zu meiner großen Freude lese ich heute bei Luther (in der Predigt über das Ev. von der Hochzeit), wie er entwickelt, daß des alten Adam blindes Fleisch und Blut und Verstockung gewaltig dagegen streitet, daß Christus wie ein Bräutigam liebt mich und dich. Die Welt (sagt er S. 564) räumt wol auch zur Not ein, daß Christus ist ein schmucker, ebler, frommer und treufester Bräutigam und seine Kirche eine herrliche, selige Braut. Aber wenn Jeder für sich soll glauben, daß Christus solche herzliche Liebe zu ihm trägt — da ist Alles aus. Gott sei Dank für Luther!"

Und was soll diese Weise der Verkündigung wirken? Zunächst, daß man sich nicht so leicht in starken Ausdrücken ergeht, sondern lieber erwägt, ob man Etwas von der Wahrheit verwirklicht im Leben, ob man von dem Hohen und Herrlichen das Eine oder Andere wagen mag; damit käme doch mehr Wahrheit in die Existenzen. Und K. achtete es für kein Unglück, wenn sich wiederholte, was einst in Griechenland geschah, als sich die Denker scheuten sich wie früher „Weise" zu nennen, und sich lieber nur „Freunde der Weisheit" (Philosophen) nannten; wenn so die Menschen eine gewisse Scheu empfänden sich „Christen" zu nennen, weil der Name zu viel sagt, weil sie sich schämten zu viel von sich zu sagen. Denn was die Möglichkeit des Aergernisses enthält, das weckt auf und vertieft in Innerlichkeit und Wahrheit. Die Idealität des Christentums, seine unendliche Forderung ist dem Menschen zum Aergerniß, der weder aufrichtig noch bemütig ist, aber sie ist auch die Macht, welche ihn aufrichtig und bemütig machen kann. Sie lehrt verstehen, daß man ein Sünder ist, und grade damit lehrt sie die Zuflucht nehmen zur Gnade, und das Wollen und Vollbringen suchen. Grade wenn das „Vorbild" durch seine Anforderungen einen richtet und verurteilt, versteht man am besten, daß nirgends Hilfe und Zuflucht ist, als bei ihm selbst, dem Herrn Jesus Christus. Dies ist der Weg zum Christentum in der Christenheit; jene Beugung der Sele entwickelt grade und stärkt zum Freimachen für Gott. So sagt ja die „Einübung" S. 82: „das will sagen, daß ein Jeder für sich in stiller Innerlichkeit vor Gott sich darunter demütigen soll, was es doch im strengsten Sinn heißen will: ein Christ sein; daß er aufrichtig vor Gott eingestehen soll, wie er ist, damit er würdig die Gnade entgegennehme, die jedem Unvollkommenen dargeboten wird, also Jedem. Und dann nicht weiter; so treibe er seine Arbeit, froh an ihr, liebe sein Weib, froh über sie, erziehe seine Kinder sich zur Freude, liebe seine Mitmenschen, freue sich des Lebens. Ob weiteres von ihm gefordert wird, wird Gott ihn schon verstehen lassen und wird ihm in solchem Fall auch weiter helfen; denn in der drohenden Sprache des Gesetzes klingt es ja deßhalb so schreckend, weil es ist als sollte sich der Mensch aus eigner Kraft zu Christus halten, während es in der Sprache der Liebe Christus ist, der ihn hält. Also ob anderes von ihm gefordert wird, wird ihn Gott schon verstehen lassen; aber dies wird von Jedem gefordert: daß er sich vor Gott aufrichtig bemütige unter die Forderungen der Idealität. Und deßhalb sollen diese gehört werden und wieder und immer wieder gehört werden in ihrer ganzen Unendlichkeit. Das Christsein ist ein Nichts, ein Narrenstreich geworden, Etwas das Jeder ohne Weiteres ist, Etwas das man leichter erlangt als die aller unbedeutendste Fertigkeit. Wahrlich, es ist hohe Zeit, daß die Forderungen der Idealität gehört werden."

Zum Schluß will ich doch wiederholen, was das Titelblatt sagt. Nicht die eigentliche, nicht die religiöse Bedeutung Kierkegaards wollte ich darlegen. Sie ist ausgedrückt in seinen religiösen und christlichen Schriften und liegt wol so weit in Uebersetzungen vor, daß sie in wahrer Weise verstanden werden kann — indem man persönlich ihre Wirksamkeit e r f ä h r t. Meine Absicht bei diesem Schriftchen ist, auf die Bedeutung K.s für die Theologie hinzuweisen.

In der zuvorkommensten Weise ist mir seit Jahren von Bekannten und Unbekannten Vieles zugegangen, was über S. K. geschrieben wurde, oder doch zu seinem Werk in Beziehung stand; auch die dänische Zeitungsliteratur über ihn ist mir durch H. P. Barfods hilfsbereite Freundlichkeit bekannt geworden; ich darf annehmen, daß mir nur Weniges unbekannt geblieben ist.* Wie viel Gutes ich auch kennen lernte, doch habe ich dabei vermißt, worauf dies Schriftchen aufmerksam machen will. Die Denkzeichen, welche K. der Philosophie gegeben hat, sind behandelt worden, ebenso seine religiöse Position. Hierzu rechne ich auch Thor Sundbys Schrift über Pascal, welche bei der Schilderung des geistesmächtigen Franzosen S. K. beständig im Sinne zu haben scheint und ihn nicht zu seinem Nachtheil neben den viel verwandten Streiter stellt, der „Einer gegen Dreißigtausend" stand.

Doch K. der Theologie nahe zu bringen ist meines Wissens nicht versucht; auch Rubin scheint dies in dem noch ausstehenden zweiten Teil nicht direct zu beabsichtigen. Zwar ist theologisch gegen K. polemisirt worden, aber da überwogen eben die Interessen des Angriffs oder der Verteidigung; so am stärksten bei Petersen, der eine speculative Orthodoxie verteidigt; aber auch bei Frederik Jungersen (Dansk Protestantisme) macht sich die Vorliebe für Grundtvig und Rasmus Nielsen doch so geltend, daß Kierkegaard nicht sein Recht wird. — Eine irgend erschöpfende Durchführung seiner Bedeutung für die Theologie konnte ich nicht unternehmen. Auch über die besprochenen Punkte ließe sich noch mancherlei beibringen; vielleicht gilt aber für's erste das Wort Hesiods daß „die Hälfte mehr als das Ganze ist" — und ich hoffe, daß nun Größeres darin geschehen wird. Die durch Dr. Gottscheds hingebendes Eintreten glücklicher Weise wieder aufgenommene Publikation der nachgelassenen Papiere wird

---

*) Eben noch nach Beginn des Druckes empfange ich eine Abhandlung über S. K. von A. J. van Deinse, welche nun auch in holländischer Sprache auf ihn hinweist als een levend en krachtig getuige voor het persoonlijk Christelijg geloof.

wol lebhaft dazu anregen. Die Tagebücher werden bald
förmlich dazu drängen, den immer reicher werdenden Inhalt
an Gedanken, die in den veröffentlichten Werken nicht so bestimmt ausgeprägt sind, zusammenzufassen. Schon hier haben
mir die Tagebücher, öfter als gesagt ist, den bestimmtesten
Ausdruck gegeben.

Statt einer Rechtfertigung der Auswahl will ich lieber
Etwas von dem Weggelassenen anhängen.* In einer pseudonymen Schrift K.s steht eine Aeußerung über theologische
Disciplinen, von der Andere vielleicht ausgehen würden oder
werden, die ich hier nachbringe zunächst in Rücksicht auf frühere
Schriften (z. B. „über die Bedeutung der ästhetischen Schriften
S. K.s"), worin Einige die Unterscheidung zwischen erster
und zweiter Ethik vermißt haben. Dort heißt es: „Wie alles
antike Erkennen und Speculiren in der Voraussetzung lag,

---

*) Wie K. überall auf dem Platze ist und wie er überall auf
den Grund geht, dafür noch anmerkungsweise ein Beleg. Man
spricht jetzt viel von einer Herrschaft des Judentums; K. auch, aber
nicht in der äußerlichen Weise, daß er die einflußreiche Stellung der
Juden im Volksleben bekämpfte. Er geht auf den religiösen Grund
und sagt unter anderem: Das einzige Christentum, das man in der
Christenheit hat ist eigentlich Judentum; denn das Christentum in
Ruhe gedacht als ein Bestehendes — ist Judentum; nur in der
Bewegung ist das Christentum. Diese Art Christentum läßt Christus
ein für alle Mal die Sache klar gestellt haben, auf ihn verläßt man
sich — und dann richtet man sein Leben ein im Character der jü-
dischen Frömmigkeit. Sieht man näher zu, so findet man, daß
solche Christen das specifische Judentum wieder aufnehmen: daß es
einem gut gehen soll auf Erden, daß Gottes Segen im irdischen
Leben sich äußerlich ausdrückt — Unglück aber Gottes Strafe sei.
Bald ist man zu der christlich gesprochen lächerlichen Aeußerlichkeit
gekommen, daß der Ehestand als solcher der heilige, Gott wohlge-
fällige Stand sei, ganz wie es im Mittelalter des Klosterleben war.
Meist ist in der Christenheit nur wenig Religiosität in dem Verhältniß zur Ehe, aber was davon da ist, ist specifisches Judentum

daß das Denken Realität habe, so liegt auch alle antike Ethik in der Voraussetzung, daß die Tugend realisirbar sei. Die Skepsis der Sünde ist dem Heidentum gänzlich fremd. Die Sünde ist für das ethische Bewußtsein, was der Irrtum für sein Erkennen ist, die einzelne Ausnahme, die Nichts beweist.

Mit der Dogmatik beginnt die Wissenschaft, die im Gegensatz zu jener stricte so genannten idealen Wissenschaft von der Wirklichkeit ausgeht. Sie beginnt mit dem Wirklichen, um es emporzuheben in die Idealität. Sie leugnet nicht das Dasein der Sünde, im Gegenteil, sie setzt die Sünde voraus und erklärt sie durch Voraussetzen der Erbsünde. Da inzwischen die Dogmatik sehr selten rein behandelt wird, so findet man oft die Erbsünde so in ihr Gebiet mit hineingezogen, daß der Eindruck von der heterogenen Ursprünglichkeit der Dogmatik nicht in die Augen springt, sondern sich verwirrt, was auch geschieht, wenn man in ihr ein Dogma von den Engeln, von der heiligen Schrift usw. findet. Die Dogmatik soll daher die Erbsünde nicht erklären sondern sie erklären indem sie dieselbe voraussetzt, gleich jenem Wirbel, von welchem die griechische Naturspeculation Mancherlei sagte, als von einem bewegenden Etwas, das keine Wissenschaft recht in die Hände bekommen kann.

Daß dies sich richtig so verhält in Rücksicht auf die Dogmatik, wird man einräumen, wenn man ein ander Mal Zeit hat Schleiermachers unsterbliche Verdienste um diese Wissenschaft zu verstehen.*

---

* An Schleiermacher rühmt dabei die Schrift, daß er im Unterschied von Hegel ein Denker war in der schönen griechischen Bedeutung, da er nur redete von dem, was er wußte.

Die neue Wissenschaft beginnt da mit der Dogmatik, in demselben Sinn wie die immanente Wissenschaft mit der Metaphysik beginnt. Hier findet wieder die Ethik ihren Platz als die Wissenschaft, welche das Bewußtsein der Dogmatik von der Wirklichkeit als Aufgabe für die Wirklichkeit hat. Diese Ethik ignorirt nicht die Sünde und hat ihre Idealität nicht darin daß sie ideal fordert, sondern sie hat ihre Idealität in dem durchdringenden Bewußtsein von der Wirklichkeit, von der Wirklichkeit der Sünde, doch wohl zu merken, nicht mit metaphysischem Leichtsinn oder psychologischer Concupiscenz.

Man sieht leicht die Verschiedenheit der Bewegung, und daß die Ethik, von welcher wir jetzt reden, in eine andere Ordnung der Dinge hineingehört. Die erste Ethik strandete an der Sündigkeit des Einzelnen. Nicht nur daß diese nicht erklärt werden konnte; die Schwierigkeit wurde noch größer und ethisch rätselvoller indem sich die Sünde des Einzelnen erweiterte zur Sünde des ganzen Geschlechts. Nun kam die Dogmatik und half mit der Erbsünde. Die neue Ethik setzt die Dogmatik voraus und mit ihr die Erbsünde und erklärt nun aus ihr die Sünde des Einzelnen während sie zur selben Zeit die Idealität als Aufgabe stellt, doch nicht in der Bewegung von oben nach unten sondern von unten nach oben."

Die citirte Schrift überweist die Sünde wesentlich der Predigt „welche das Moment der Aneignung hat;" sie selbst untersucht wie weit man psychologisch der Möglichkeit der Sünde nahe kommt durch den Begriff „Angst." Sie behandelt die Angst als Voraussetzung der Sünde aber auch die Angst, welche Folge der Sünde ist. Dabei macht sie aufmerksam, daß das Dämonische, welches Angst vor dem Guten ist, viel verbreiteter ist, als man meist annimmt.

Bei den Dämonischen die im Neuen Testament erwähnt werden, äußert sich bei Berührung mit dem Guten die Angst bald in Stummheit bald im Schrei; aber in ihren vorläufigen Stufen kann sie sich in mancherlei Formen bergen: im Aberglauben wie im Unglauben, in beiden ist Angst vor dem Glauben; in der Heuchelei wie im Aergerniß, in beiden ist Angst davor zu sich selbst zu kommen. Weil das Gute die Entwicklung zum Christ werden ist, ist Angst vor dem Guten auch in der Bequemlichkeit, die denkt „ein ander Mal" in der Neugierde, die sich zerstreuen will, in der Weichlichkeit, die sich mit Anderen tröstet, in dem stolzen Ignoriren, in dummer Geschäftigkeit usw. — Eine spätere Schrift „die Krankheit zum Tode" bestimmt dies Alles erst religiös genau, aber für einzelne Stellen in den vorstehenden Ausführungen giebt vielleicht grade diese Auffassung einen nötigen Hintergrund.

Halle, Druck der Heynemann'schen Buchdruckerei.
(J. Fricke & F. Beyer.)